Lars Gellner



# Mein Mathe-Trainingsheft: Prozentrechnung

## Einführung in die Prozentrechnung

–

## Arbeitsheft

PERSEN

## Der Autor

**Lars Gellner** ist als Rektor an einer Kooperativen Gesamtschule mit gymnasialer Oberstufe tätig und Autor zahlreicher unterrichtspraktischer Veröffentlichungen in den Bereichen Mathematik, Gesellschaftslehre und Berufsorientierung.

1. Auflage 2023


AAP Lehrerwelt GmbH
Veritaskai 3
21079 Hamburg
Telefon: +49 (0) 40325083-040
E-Mail: info@lehrerwelt.de
Geschäftsführung: Christian Glaser
USt-ID: DE 173 77 61 42
Register: AG Hamburg HRB/126335


Wir verwenden in unseren Werken eine genderneutrale Sprache. Wenn keine neutrale Formulierung möglich ist, nennen wir die weibliche und die männliche Form. In Fällen, in denen wir aufgrund einer besseren Lesbarkeit nur ein Geschlecht nennen können, achten wir darauf, den unterschiedlichen Geschlechtsidentitäten gleichermaßen gerecht zu werden.

Autor: Lars Gellner
Grafik: © zagory/shutterstock.com (Cover), Satzpunkt Ursula Ewert GmbH (Wahlergebnisse Parteien)
Satz: Typographie & Computer, Krefeld
Druck und Bindung: Esser printSolutions GmbH, Bretten

ISBN: 978-3-403-21101-3
www.persen.de

# Inhaltsverzeichnis



**Digitales Zusatzmaterial:**
Lösungen zusätzlich als downloadbare PDF-Datei

## Hinweise zur Nutzung des Arbeitsheftes

Liebe Schülerin, lieber Schüler,

Prozentangaben gibt es überall in deiner Lebenswelt, sei es bei Preisnachlässen beim Einkauf, dem Fruchtgehalt in Säften oder dem Fettanteil in Lebensmitteln. Beim Sport werden Leistungen durch Prozentangaben verglichen („Die Heimmannschaft hatte 65 Prozent Ballbesitz.“) und auch in der Alltagssprache werden sie verwendet („Ich bin mir hundertprozentig sicher.“).
Die Prozentrechnung ist ein wichtiger Lernstoff, der dir hilft, bestimmte Probleme im Alltag zu lösen. Um ein vertieftes Verständnis des Prozentbegriffs zu gewinnen, sollten dir die Grundlagen der Bruchrechnung vertraut sein. Daher wird dir zunächst ein Wiederholungsteil angeboten, bei dem du auch mit Dezimalzahlen rechnest.
Des Weiteren ist es wichtig, dass du die schriftlichen Grundrechenarten beherrschst und den Zwei-/Dreisatz für proportionale Zuordnungen anwenden kannst.
Die Entscheidung, ob du einzelne Aufgaben mit dem Taschenrechner lösen darfst, trifft deine Lehrkraft. Um deine Arbeitsergebnisse zu dokumentieren und deinen eigenen Lernstand einzuschätzen, steht dir ein Lerntagebuch im hinteren Teil des Heftes zur Verfügung. Achte darauf, dass du die Eintragungen immer direkt nach der Bearbeitung der einzelnen Arbeitsblätter machst.

Gehe wie folgt vor:

1. Bearbeite die durchnummerierten Arbeitsblätter in der vorgegebenen Reihenfolge, wenn nicht von deiner Lehrkraft anders vorgegeben. Bei vielen Aufgaben ist es hilfreich, wenn du auf einem extra Blatt (z.B. hinten in diesem Arbeitsheft) rechnest, damit du genug Platz hast.
2. Für jede Aufgabennummer müssen jeweils zwei Häkchen gemacht werden (E = erledigt und R = richtig). Eine Aufgabe darf erst als richtig durch ein Häkchen gekennzeichnet werden, wenn sämtliche Rechenschritte und Ergebnisse fehlerfrei sind. Der Lösungsteil dient der Selbstkontrolle.

   WICHTIG: Damit sich ein dauerhafter Lernerfolg einstellt, solltest du fehlerhafte Aufgaben, wenn möglich, zunächst auf einem extra Blatt bearbeiten und anschließend fehlerfrei in dein Heft übertragen.

3. Die in der letzten Spalte abgebildeten Emojis erleichtern dir eine persönliche Einschätzung deines Lernstandes. Lies zunächst den links aufgeführten Satz („Ich kann ...“), der sich jeweils auf einen Teilbereich bezieht. Dann beurteile dich selbst, indem du ankreuzt: „☺ = das kann ich sehr gut“, „😐 = das kann ich teilweise“ sowie „☹ = das muss ich noch üben“.

Viel Spaß und Erfolg mit diesem Trainingsheft wünschen dir
der PERSEN Verlag und Lars Gellner

# ① Zähler und Nenner

**1. Wie sind Brüche aufgebaut? Trage die Begriffe in die Kästchen ein.**

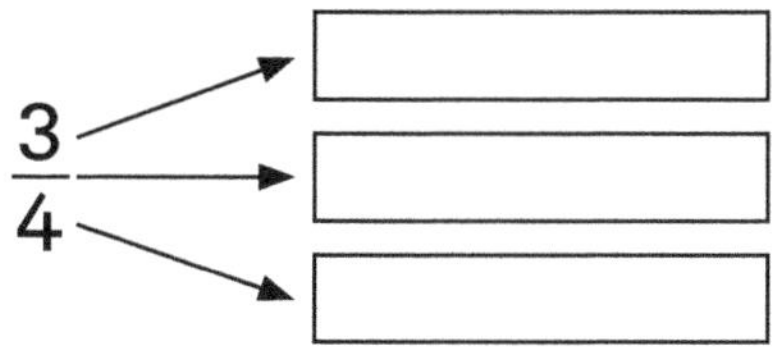


Bruchstrich • Nenner • Zähler

**2. Kreuze die richtigen Aussagen an.**

- ☐ Brüche entstehen bei der Teilung eines Ganzen.
- ☐ Der Nenner gibt an, in wie viele gleich große Teile das Ganze aufgeteilt wurde.
- ☐ Der Nenner ist die Zahl über dem Bruchstrich.
- ☐ Der Zähler zählt die Teile, die vom Ganzen genommen werden.
- ☐ Die Zahl unter dem Bruchstrich heißt Zähler.
- ☐ Der Bruchstrich steht für „geteilt durch“.

**3. Lies die folgenden Brüche und schreibe sie in Worten auf die Linien.**

a) $\frac{1}{5}$ ______________________ b) $\frac{3}{7}$ ______________________

c) $\frac{4}{8}$ ______________________ d) $\frac{9}{10}$ ______________________

**4. Wie viele Teile vom Ganzen sind ausgemalt? Bestimme Zähler und Nenner.**

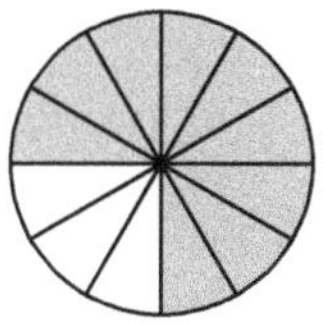

Zähler: ☐
Nenner: ☐

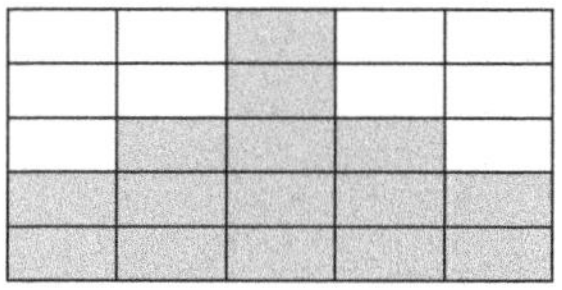

Zähler: ☐
Nenner: ☐

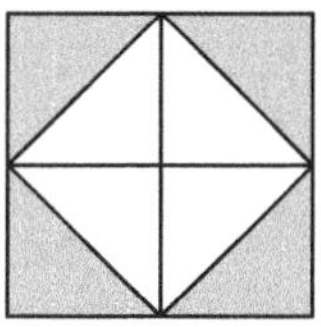

Zähler: ☐
Nenner: ☐

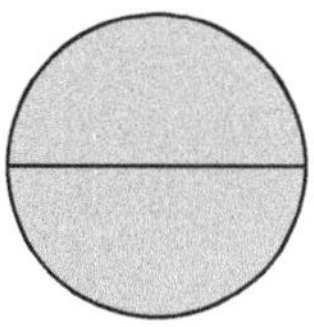

Zähler: ☐
Nenner: ☐

## 2 Brüche auf den Nenner 100 erweitern und kürzen

**Merke:** Manche Brüche können so erweitert oder gekürzt werden, dass Hundertstel daraus werden.

Beispiel:

$\frac{4}{25} \overset{4}{=} \boxed{\frac{16}{100}}$

Die Erweiterungszahl ist **4**. Sie wird immer **über** das Gleichheitszeichen (=) geschrieben. Man soll gleich erkennen, mit welcher Zahl der jeweilige Bruch **erweitert** worden ist.

Beispiel:

$\frac{30}{300} \underset{3}{=} \boxed{\frac{10}{100}}$

Die Kürzungszahl ist **3**. Sie wird immer **unter** das Gleichheitszeichen (=) geschrieben. Man soll gleich erkennen, mit welcher Zahl der jeweilige Bruch **gekürzt** worden ist.

**1. Erweitere die Brüche auf den Nenner 100. Notiere die Erweiterungszahl.**

a) $\frac{1}{2} \overset{50}{=} \boxed{\frac{\phantom{0}}{100}}$ b) $\frac{3}{20} = \boxed{\frac{\phantom{0}}{\phantom{0}}}$ c) $\frac{10}{25} = \boxed{\frac{\phantom{0}}{\phantom{0}}}$ d) $\frac{9}{50} = \boxed{\frac{\phantom{0}}{\phantom{0}}}$

e) $\frac{2}{5} = \boxed{\frac{\phantom{0}}{\phantom{0}}}$ f) $\frac{8}{10} = \boxed{\frac{\phantom{0}}{\phantom{0}}}$ g) $\frac{3}{4} = \boxed{\frac{\phantom{0}}{\phantom{0}}}$ h) $\frac{2}{2} = \boxed{\frac{\phantom{0}}{\phantom{0}}}$

i) $\frac{11}{25} = \boxed{\frac{\phantom{0}}{\phantom{0}}}$ j) $\frac{20}{50} = \boxed{\frac{\phantom{0}}{\phantom{0}}}$ k) $\frac{6}{10} = \boxed{\frac{\phantom{0}}{\phantom{0}}}$ l) $\frac{15}{20} = \boxed{\frac{\phantom{0}}{\phantom{0}}}$

**2. Kürze die Brüche auf den Nenner 100. Notiere die Kürzungszahl.**

a) $\frac{12}{200} \underset{2}{=} \boxed{\frac{\phantom{0}}{100}}$ b) $\frac{20}{500} = \boxed{\frac{\phantom{0}}{\phantom{0}}}$ c) $\frac{70}{700} = \boxed{\frac{\phantom{0}}{\phantom{0}}}$ d) $\frac{8}{400} = \boxed{\frac{\phantom{0}}{\phantom{0}}}$

e) $\frac{36}{600} = \boxed{\frac{\phantom{0}}{\phantom{0}}}$ f) $\frac{88}{800} = \boxed{\frac{\phantom{0}}{\phantom{0}}}$ g) $\frac{95}{500} = \boxed{\frac{\phantom{0}}{\phantom{0}}}$ h) $\frac{48}{200} = \boxed{\frac{\phantom{0}}{\phantom{0}}}$

i) $\frac{54}{900} = \boxed{\frac{\phantom{0}}{\phantom{0}}}$ j) $\frac{88}{400} = \boxed{\frac{\phantom{0}}{\phantom{0}}}$ k) $\frac{69}{300} = \boxed{\frac{\phantom{0}}{\phantom{0}}}$ l) $\frac{10}{1\,000} = \boxed{\frac{\phantom{0}}{\phantom{0}}}$

## 3 Kürzen auf dem langen Bruchstrich

**Merke:** Schau dir die Zahlen auf dem langen Bruchstrich im Zähler und Nenner aufmerksam an. Kann eventuell vor dem Multiplizieren und Dividieren gekürzt werden? Dies hat den Vorteil, dass du bei vielen Aufgaben mit kleineren Zahlen weiterrechnen kannst.

Beispiele:

Hier kann untereinander gekürzt werden: Kürzungszahl: 25.

$$\frac{32 \cdot 75}{100} = \frac{32 \cdot \cancel{75}^{3}}{\cancel{100}_{4}} = \frac{96}{4} = 24$$

Auch hier kann untereinander gekürzt werden: Kürzungszahl: 20.
Dann wird erneut untereinander gekürzt: Kürzungszahl: 5.

$$\frac{30 \cdot 60}{100} = \frac{30 \cdot \cancel{60}^{3}}{\cancel{100}_{5}} = \frac{30 \cdot 3}{5} = \frac{\cancel{30}\,6 \cdot 3}{\cancel{5}\,1} = \frac{18}{1} = 18$$

Du kannst auch wie folgt beim Kürzen vorgehen:
Streiche immer dieselbe Anzahl an Nullen im Zähler und Nenner.
Hier sind es jeweils 2 Nullen.

$$\frac{100 \cdot 27}{600} = \frac{1\cancel{00} \cdot 27}{6\cancel{00}} = \frac{27}{6} = 4\frac{3}{6} = 4\frac{1}{2} = 4{,}5$$

**1. Kürze auf dem langen Bruchstrich und gib das Ergebnis als ganze Zahl an.**

a) $\frac{7 \cdot 15}{5} = \frac{7 \cdot \cancel{15}^{3}}{\cancel{5}_{1}} = \frac{7 \cdot 3}{1} = \square$

b) $\frac{30 \cdot 40}{100} =$ ____________

c) $\frac{200 \cdot 13}{100} =$ ____________

d) $\frac{50 \cdot 60}{100} =$ ____________

e) $\frac{250 \cdot 50}{100} =$ ____________

f) $\frac{100 \cdot 4}{5} =$ ____________

g) $\frac{100 \cdot 12}{600} =$ ____________

h) $\frac{25 \cdot 100}{125} =$ ____________

i) $\frac{40 \cdot 70}{100} =$ ____________

j) $\frac{100 \cdot 15}{300} =$ ____________

## 4 Teile eines Ganzen: Bruchschreibweise

**Merke:** Teile eines Ganzen können als Bruch geschrieben werden.

Beispiel:
Von 12 Kindern einer Klasse haben 3 Kinder die Schwimmsachen vergessen.
Welcher Bruchteil der Klasse ist es?

Alle Kinder der Klasse sind $\frac{12}{12}$ (12 Kinder von 12 Kindern)

1 Kind der Klasse ist $\frac{1}{12}$ (1 Kind von 12 Kindern)

3 Kinder der Klasse sind $\frac{3}{12}$ (3 Kinder von 12 Kindern)

$\frac{3}{12} \underset{3}{=} \frac{1}{4}$ Ein Viertel der Klasse hat die Schwimmsachen vergessen.

**1. Von 30 befragten Jugendlichen geben 12 Jugendliche an, dass sie ein Haustier besitzen. Welcher Bruchteil der Befragten ist es?**

| Rechnung | |
|---|---|
| Antwort | |

**2. Von 60 Äpfeln in einem Korb sind 15 Äpfel faul. Welcher Bruchteil aller Äpfel ist faul?**

| Rechnung | |
|---|---|
| Antwort | |

**3. Mehmet hat 80 Euro gespart. 60 Euro gibt er für ein Computerspiel aus. Welchen Bruchteil der Ersparnisse hat Mehmet ausgegeben?**

| Rechnung | |
|---|---|
| Antwort | |

**4. Von 600 Profifußballern sind bereits 350 Spieler mindestens einmal mit einer Gelben Karte verwarnt worden. Welcher Bruchteil der Spieler ist noch nicht verwarnt worden?**

| Rechnung | |
|---|---|
| Antwort | |

## 5 Anteile vergleichen: Vergleichsbrüche mit dem Nenner 100

In der folgenden Übersicht wird dargestellt, wie viele Kinder der 6. Jahrgangsstufe das Schwimmabzeichen Bronze haben.

| Klasse 6a | Klasse 6b | Klasse 6c | Klasse 6d | Klasse 6e |
|---|---|---|---|---|
| 20 Kinder | 25 Kinder | 20 Kinder | 25 Kinder | 20 Kinder |
| 17 Abzeichen | 16 Abzeichen | 13 Abzeichen | 12 Abzeichen | 11 Abzeichen |

Um festzustellen, in welcher Klasse anteilmäßig die meisten Kinder mit Abzeichen sind, werden zunächst alle Anteile auf den Vergleichsnenner 100 gebracht.

| Klasse | Anzahl Kinder | Anzahl Abzeichen | Anteil | Vergleichsnenner 100 | erweitert mit | Rang |
|---|---|---|---|---|---|---|
| 6a | 20 | 17 | $\frac{17}{20}$ | $\frac{17}{20} = \frac{85}{100}$ | 5 | 1 |
| 6b | 25 | 16 | $\frac{16}{25}$ | $\frac{16}{25} = \frac{64}{100}$ | 4 | 3 |
| 6c | 20 | 13 | $\frac{13}{20}$ | $\frac{13}{20} = \frac{65}{100}$ | 5 | 2 |
| 6d | 25 | 12 | $\frac{12}{25}$ | $\frac{12}{25} = \frac{48}{100}$ | 4 | 5 |
| 6e | 20 | 11 | $\frac{11}{20}$ | $\frac{11}{20} = \frac{55}{100}$ | 5 | 4 |

Nun werden die Zähler der Brüche miteinander vergleichen. In Klasse 6a haben die Kinder anteilsmäßig die meisten Abzeichen, gefolgt von Klasse 6c, 6b, 6e und 6d.

**Merke:** Um verschiedene Anteile besser miteinander vergleichen zu können, sollte der Vergleichsnenner (Hauptnenner) 100 gebildet werden.

**1. Stelle fest, in welcher Klasse anteilsmäßig die meisten Kinder erkrankt sind. Fülle die Tabelle aus. Bei manchen Brüchen muss zunächst gekürzt und dann auf den Vergleichsnenner 100 erweitert werden.**

| Klasse | Anzahl aller Kinder | Anzahl der kranken Kinder | Anteil | Vergleichsnenner 100 | Rang |
|---|---|---|---|---|---|
| 5a | 20 | 8 | | | |
| 5b | 10 | 5 | | | |
| 5c | 24 | 6 | | | |
| 7a | 15 | 3 | $\frac{3}{15} \overset{3}{=} \frac{1}{5}$ | | |
| 7b | 25 | 4 | | | |

## 6 Bruchteile von Anzahlen und Größen

Brüche können mit einer ganzen Zahl malgenommen werden.

Beispiel 1:
Die Klasse 7c hat 15 Jungen. Zwei Drittel gehören einem Verein an. Wie viele Jungen sind Vereinsmitglieder?

$\frac{2}{3}$ von 15 Jungen = $\frac{2}{3} \cdot 15$ Jungen = $\frac{2 \cdot 15}{3}$ Jungen = $\frac{2 \cdot \cancel{15}^{5}}{\cancel{3}_{1}}$ Jungen = **10 Jungen**

„von" heißt hier „mal" (·) Bruchstrich bedeutet „geteilt durch" (:)

**Merke:** Beim Multiplizieren eines Bruches mit einer ganzen Zahl nimmt man den Zähler mit der ganzen Zahl mal. Der Nenner bleibt gleich.

Beispiel 2:
Frau Meier kauft $\frac{3}{5}$ kg Hackfleisch. Wie viel g Hackfleisch hat sie gekauft?
Zuerst wird 1 kg in g (= nächstkleinere Einheit) umgewandelt: 1 kg = 1 000 g.

$\frac{3}{5}$ von 1 000 g = $\frac{3}{5} \cdot 1\,000$ g = $\frac{3 \cdot 1\,000}{5}$ g = $\frac{3 \cdot \cancel{1\,000}^{200}}{\cancel{5}_{1}}$ g = **600 g**

**1. Berechne die Bruchteile der Anzahlen und Größen.**

a) $\frac{2}{3}$ von 66 Nägeln b) $\frac{5}{6}$ von 90 Bällen c) $\frac{3}{4}$ von 36 Steinen

d) $\frac{6}{7}$ von 140 min e) $\frac{3}{8}$ von 88 h f) $\frac{7}{12}$ von 60 kg

Rechnungen:

**2. Berechne die Bruchteile der Größen. Wandle zunächst um.**

a) $\frac{3}{15}$ von 1 h b) $\frac{6}{10}$ von 2 km c) $\frac{3}{4}$ von 4 t

d) $\frac{4}{5}$ m e) $\frac{1}{4}$ Jahr f) $\frac{4}{25}$ Euro

Rechnungen:

## 7 Dezimalzahlen 1

**Merke:** Brüche mit dem Nenner 10, 100, 1000, ... kann man auch in Kommaschreibweise notieren.

Zehnerbrüche (Dezimalbrüche): $\frac{1}{10}$; $\frac{8}{10}$; $\frac{9}{100}$; $\frac{31}{100}$; $\frac{12}{1\,000}$; $\frac{425}{1\,000}$; ...

Kommazahlen (Dezimalzahlen): 0,1; 0,8; 0,09; 0,31; 0,012; 0,425; ...

| H | Z | E | z | h | t |
|---|---|---|---|---|---|
| 100 | 10 | 1 | $\frac{1}{10}$ | $\frac{1}{100}$ | $\frac{1}{1\,000}$ |
|  | 2 | 4 | 2 | 6 | 5 |

Die Stellenwerttafel wird nach rechts erweitert. Zwischen Einer und Zehntel wird das Komma gesetzt.

Lies:
„vierundzwanzig Komma zwei sechs fünf"

**1. Schreibe als Dezimalzahl. Trage in die Stellenwerttafel ein.**

a) 8 Tausendstel

b) 4 Zehner, 3 Einer, 8 Hundertstel

c) 6 Hunderter, 4 Zehner, 5 Zehntel, 1 Tausendstel

d) 124 Tausendstel

e) 9 Einer, 56 Hundertstel

|  | H | Z | E | z | h | t |
|---|---|---|---|---|---|---|
| a) |  |  |  |  |  |  |
| b) |  |  |  |  |  |  |
| c) |  |  |  |  |  |  |
| d) |  |  |  |  |  |  |
| e) |  |  |  |  |  |  |

**2. Gib jeweils als Dezimalzahl an. Schreibe auf die Linien.**
**Beachte: Wandle bei den Aufgaben d) bis f) die unechten Brüche zunächst in gemischte Zahlen um, da hier der Zähler größer ist als der Nenner.**
**Beispiel:** $\frac{503}{100} = 5\frac{3}{100} = 5{,}03$

a) $\frac{9}{1\,000}$ = ________

b) $\frac{7}{10}$ = ________

c) $5\frac{8}{100}$ = ________

d) $\frac{32}{10}$ = ________

e) $\frac{203}{100}$ = ________

f) $\frac{3\,007}{1\,000}$ = ________

**3. Ordne die Dezimalzahlen von klein nach groß.**

1,404 1,004 1,044 1,44 1,04

________________________________________

## 8 Dezimalzahlen 2

**Merke:** Eine Dezimalzahl wird mit 10, 100, 1 000 ... malgenommen, indem man das Komma um 1 Stelle, 2 Stellen, 3 Stellen ... nach rechts verschiebt. Für fehlende Ziffern werden Nullen notiert. Die Dezimalzahlen werden größer.

Beispiele:
a) 9,65 · 10 = 96,50 b) 1,235 · 100 = 123,5 c) 2,56 · 1 000 = 2 560,0 = 2 560

Eine Dezimalzahl wird durch 10, 100, 1 000 ... geteilt, indem man das Komma um 1 Stelle, 2 Stellen, 3 Stellen nach links verschiebt. Für fehlende Ziffern werden Nullen notiert. Die Dezimalzahlen werden kleiner.

Beispiele:
a) 8,45 : 10 = 0,845 b) 345,24 : 100 = 3,4524 c) 3,87 : 1 000 = 0,00387

**1. Multipliziere durch Verschieben des Kommas.**

a) 28,6 · 10 = ________ b) 0,0101 · 100 = ______ c) 0,005 · 1 000 = _____

d) 20,5 · 100 = _______ e) 1,389 · 1 000 = ____ f) 0,05 · 10 = ________

**2. Dividiere durch Verschieben des Kommas.**

a) 46,2 : 10 = ________ b) 457,3 : 100 = _______ c) 3,86 : 1 000 = ______

d) 125,5 : 100 = _____ e) 0,007 : 1 000 = ____ f) 0,1234 : 10 = ______

(Schriftliches) Multiplizieren von Dezimalzahlen mit natürlichen Zahlen
**Merke:** Nimm beide Zahlen miteinander mal, ohne das Komma zu beachten. Streiche vom Ergebnis von hinten ausgehend so viele Stellen ab, wie die Dezimalzahl Stellen nach dem Komma hat.
Beispiel: 13,45 · 8 = 107,60

(Schriftliches) Dividieren von Dezimalzahlen durch natürliche Zahlen
**Merke:** Beim Überschreiten des Kommas in der Teilungszahl wird auch im Ergebnis ein Komma gesetzt.

Beispiel: 40,4 : 4 = 10,1

**3. Multipliziere und dividiere schriftlich auf einem extra Blatt. Schreibe die Ergebnisse auf die Linien.**

a) 0,4 · 9 = __________ b) 2,02 · 23 = _________ c) 24,08 · 130 = _______

d) 4,25 : 5 = _________ e) 40,35 : 15 = ________ f) 355,5 : 150 = ______

## 9 Prozentangaben im Alltag

**Merke:** Das Zeichen % steht für „Prozent“. Es begegnet uns im Alltag fast täglich in unterschiedlichen Situationen.

**1. Beschreibe die Bedeutung der sechs Abbildungen.**

a)

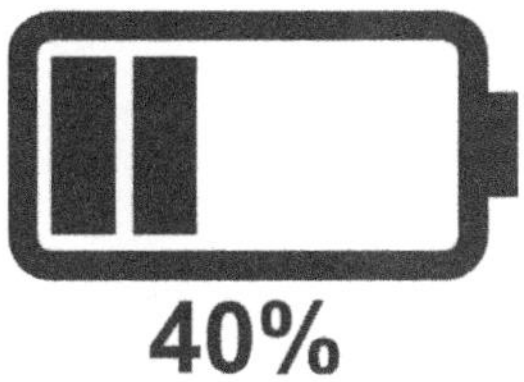


© kaif/adobe.stock.com

b)

© torbz/adobe.stock.com

c)

© ap-net/adobe.stock.com

d)

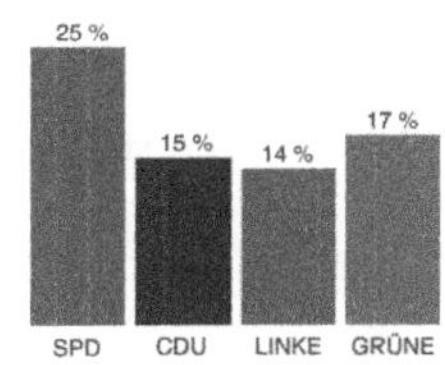


© Satzpunkt Ursula Ewert GmbH

e)

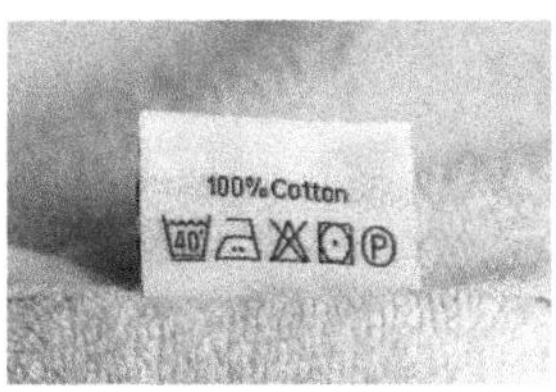


© New Africa/adobe.stock.com

f)

© Coloures-Pic/adobe.stock.com

**2. Nenne mindestens drei weitere Beispiele, bei denen es um Prozente geht.**

# Prozentbegriff: Das Ganze und der 100. Teil

**Merke:** Das Wort Prozent (%) kommt aus dem Italienischen („per cento") und bedeutet „von Hundert". Anteile mit dem Nenner 100 nennt man Prozente.

Alina: „Ich bin mir hundertprozentig sicher, dass alle Matheaufgaben richtig sind."

Lehrer: „Gratuliere. Das Ganze ist zu 100 Prozent richtig."

→ Das Ganze (ALLES) ist immer 100 Prozent.

**1. Male die Kreise in den beiden Quadraten wie vorgegeben aus.**

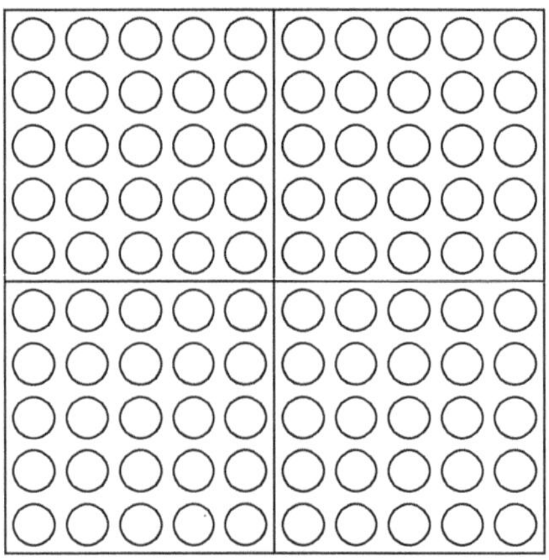

100 Prozent
100 %

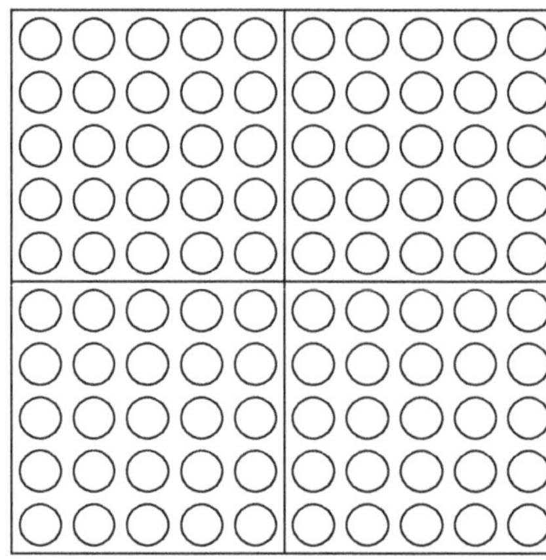

1 Prozent
1 %

**2. Im Folgenden siehst du zwei 100 mm lange Strecken.**

**a) Fahre 100 % der Strecke mit einem Farbstift nach.**

100 % entspricht (≙) 100 mm

**b) Fahre 1 % der Strecke mit einem Farbstift nach.**

1 % entspricht (≙) 1 mm

**3. Male 1 % der Rechteckfläche aus. Lege ein Lineal an und orientiere dich an den Markierungen.**

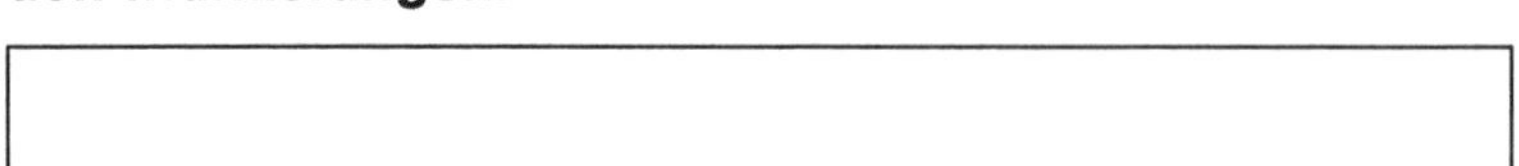

# 11 Brüche und Prozentzahlen

**Merke:** Der Anteil an einer Gesamtgröße lässt sich als Hundertstelbruch angeben. Ein Hundertstel einer Gesamtgröße wird Prozent genannt.

| Getränk | Fruchtanteil |
|---|---|
| Orangensaftkonzentrat | 100 Prozent |
| Limonade | 1 Prozent |

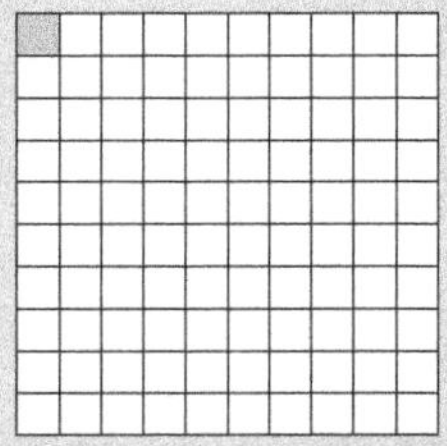

$\frac{1}{100}$ = 1 Prozent (%)

Beispiele:

a) $\frac{7}{100} = 7\ \%$ b) $\frac{60}{100} = 60\ \%$ c) $\frac{4}{50} \overset{2}{=} \frac{8}{100} = 8\ \%$ d) $\frac{18}{300} \underset{3}{=} \frac{6}{100} = 6\ \%$

**1. Gib jeweils den Anteil der gefärbten Kreise in Hunderstelbrüchen und Prozent an.**

a) 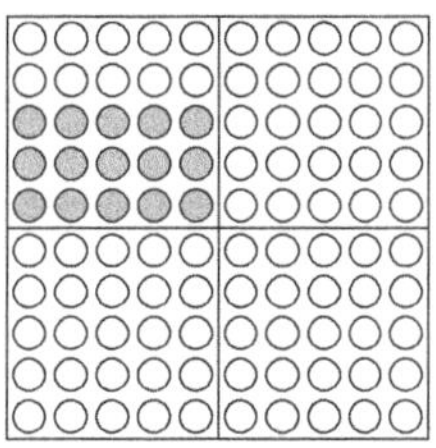 b) 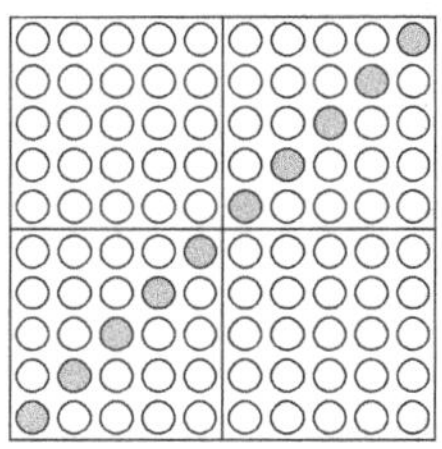 c) 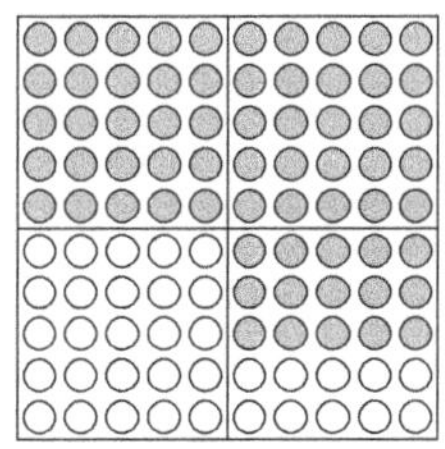 d) 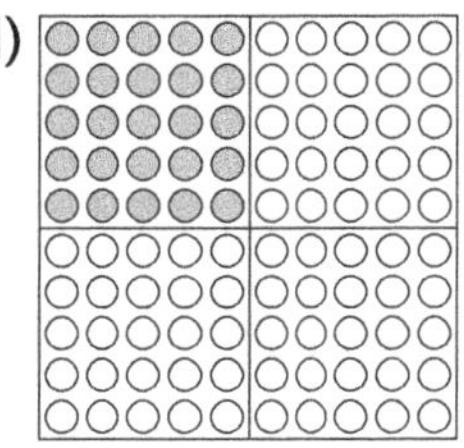

a) $\frac{\square}{100}$ = 15 % b) $\frac{\square}{\square}$ = ____ % c) $\frac{\square}{\square}$ = ____ % d) $\frac{\square}{\square}$ = ____ %

**2. Erweitere die Brüche auf den Nenner 100. Wandle im Anschluss in Prozent um. Notiere die Erweiterungszahl.**

a) $\frac{5}{10} \overset{10}{=} \frac{\square}{100}$ = ____ % b) $\frac{6}{20} = \frac{\square}{\square}$ = ____ % c) $\frac{9}{25} = \frac{\square}{\square}$ = ____ %

d) $\frac{3}{4} = \frac{\square}{\square}$ = ____ % e) $\frac{18}{50} = \frac{\square}{\square}$ = ____ % f) $\frac{4}{5} = \frac{\square}{\square}$ = ____ %

**3. Kürze die Brüche auf den Nenner 100. Wandle anschließend in Prozent um. Notiere die Kürzungszahl.**

a) $\frac{16}{200} \underset{2}{=} \frac{\square}{100}$ = ____ % b) $\frac{30}{500} = \frac{\square}{\square}$ = ____ % c) $\frac{70}{700} = \frac{\square}{\square}$ = ____ %

d) $\frac{800}{800} = \frac{\square}{\square}$ = ____ % e) $\frac{16}{400} = \frac{\square}{\square}$ = ____ % f) $\frac{54}{600} = \frac{\square}{\square}$ = ____ %

# 12 Die drei Grundaufgaben der Prozentrechnung

Es gibt drei Grundaufgaben der Prozentrechnung.

Beispiel:

Frau Ertas verdient 4000 € im Monat. 20 % ihres Gehaltes zahlt sie für Miete. Das sind 800 €.

| Wert | Bezeichnung | Abkürzung | Bedeutung |
|---|---|---|---|
| 4000 € | Grundwert | G | das Ganze (100 Prozent) |
| 800 € | Prozentwert | P | Teil vom Ganzen |
| 20 % | Prozentsatz | p% | Anteil in % (Verhältnis vom Prozentwert zum Grundwert) |

**Merke:** Bei jeder der drei Grundaufgaben sind immer zwei der drei Größen (G, p%, P) gegeben. Die dritte Größe muss berechnet werden.

**1. Bestimme jeweils G, P und p% aus dem Text. Orientiere dich am Beispiel oben.**

a)

| 30 % von 800 € sind 240 €. | | |
|---|---|---|
| G = | P = | p% = |

b)

| Von 900 Gläsern sind 63 Gläser beschädigt. Das sind 7 %. | | |
|---|---|---|
| G = | P = | p% = |

c)

| 19 % von 400 Neuwagen haben Mängel. 76 Neuwagen werden repariert. | | |
|---|---|---|
| G = | P = | p% = |

**2. Welche beiden der drei Größen sind gegeben, welche muss berechnet werden? Notiere.**

a)

| Von 450 Kindern haben 180 Kinder mindestens ein Haustier. | | |
|---|---|---|
| gegeben G = | gegeben: | gesucht: |

b)

| Von 20 Torten wurden 50 % verkauft. | | |
|---|---|---|
| gegeben: | gegeben: | gesucht: |

c)

| Robin gibt 3 % seiner Ersparnisse aus. Das sind 12 €. | | |
|---|---|---|
| gegeben: | gegeben: | gesucht: |

# 13 Prozentwert berechnen 1

**Merke:** Der Prozentwert gibt den Wert des Prozentsatzes an. Er ist Teil des Ganzen. Der Prozentwert hat dieselbe Einheit wie der Grundwert.

Beispiel:

Mehmet hat 600 € gespart. 9 % seiner Ersparnisse gibt er für ein Brettspiel aus. Wie viel kostet das Spiel?

gegeben: G = 600 € p% = 9 %

gesucht: P = ?

Rechnung mit dem Dreisatz:

:100 100 % ≙ 600 €
1 % ≙ 600 € : 100 = 6 €
· 9 9 % ≙ 6 € · 9 = 54 €

Das Spiel kostet 54 €.

Du sprichst:

:100 100 % entsprechen 600 €.
1 % davon ist der 100. Teil, also 6 €.
· 9 9 % sind 9-mal so viel, also 54 €.

**1. Frau Meißner hat 1 200 € im Lotto gewonnen. Sie schenkt ihrer Tochter 40 % des Gewinns. Wie viel Euro sind das?**

**Fülle die Lücken.**

G = ____________ p% = ____________ P = ?

100 % ≙ ____________

1 % ≙ ____________

40 % ≙ ____________

Antwort: ________________________

________________________

**2. Berechne die Prozentwerte. Trage die Ergebnisse in die Tabelle ein.**

| | G (100 %) | 1 % | 3 % | 12 % | 15 % |
|---|---|---|---|---|---|
| a) | 500 | | | | |
| b) | 1 000 | | | | |
| c) | 1 550 | | | | |

Rechnungen:

# 14 Prozentwert berechnen 2

**Merke:** 50 %, 25 %, 20 % und 10 % können mit dem Zweisatz-Verfahren auf die schnelle Weise berechnet werden.

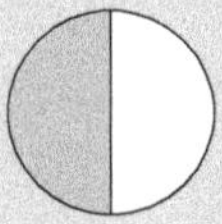

50 % sind die Hälfte des Ganzen. Es wird durch 2 geteilt.
100 % ≙ 100 €
50 % ≙ 100 € : 2 = 50 €

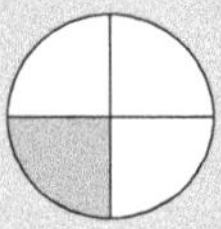

25 % sind ein Viertel des Ganzen. Es wird durch 4 geteilt.
100 % ≙ 100 €
25 % ≙ 100 € : 4 = 25 €

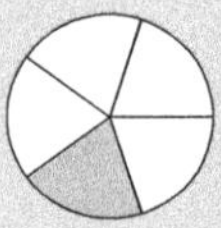

20 % sind ein Fünftel des Ganzen. Es wird durch 5 geteilt.
100 % ≙ 100 €
20 % ≙ 100 € : 5 = 20 €

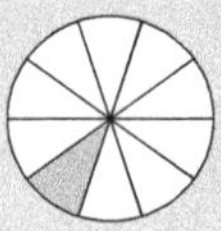

10 % sind ein Zehntel des Ganzen. Es wird durch 10 geteilt.
100 % ≙ 100 €
10 % ≙ 100 € : 10 = 10 €

**1. Berechne die Prozentwerte auf die schnelle Weise. Schreibe die Rechnungen an die Pfeile.**

a) G = 800 Dollar p% = 10 %

(Pfeile: :10 | :10)

| Prozent | Dollar |
|---|---|
| 100 | 800 |
| 10 | |

b) G = 15 000 Yen p% = 20 %

| Prozent | Yen |
|---|---|
| | |
| | |

c) G = 4888 Peso p% = 25 %

| Prozent | Peso |
|---|---|
| | |
| | |

d) G = 788 Franken p% = 10 %

| Prozent | Franken |
|---|---|
| | |
| | |

**2. Überlege, wie sich 5 %, 4 % und 2 % auf die schnelle Weise berechnen lassen. Fülle die Lücken aus.**

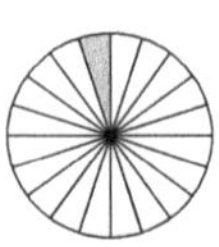

5 % sind der 20. Teil des Ganzen. Es wird durch ____ geteilt.

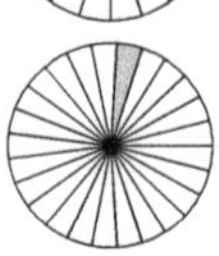

4 % sind der 25. Teil des Ganzen. Es wird durch ____ geteilt.

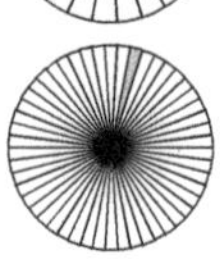

2 % sind der 50. Teil des Ganzen. Es wird durch ____ geteilt.

# Prozentwert berechnen 3

1. **Ein Arzt untersuchte im letzten Monat 220 Kinder. Bei 20 % der Kinder stellte er Erkältungssymptome fest.**

| Frage | |
|---|---|
| Rechnung | |
| Antwort | |

2. **Einer Gärtnerei wurden 1 200 Pflanzen geliefert. 5 % der Pflanzen waren vertrocknet und konnten nicht verkauft werden.**

| Frage | |
|---|---|
| Rechnung | |
| Antwort | |

3. **Von 2 250 überprüften Autofahrern waren laut Polizei 4 % nicht angeschnallt.**

| Frage | |
|---|---|
| Rechnung | |
| Antwort | |

4. **Frau Hamadi hat einen Monatsverdienst von 3 200 €. Davon spart sie jeden Monat 15 %.**

| Frage | |
|---|---|
| Rechnung | |
| Antwort | |

5. **Bei einem Gesangswettbewerb erhält Kandidatin Kim 8 % der 550 000 abgegebenen Zuschauerstimmen.**

| Frage | |
|---|---|
| Rechnung | |
| Antwort | |

## 16 Prozentsatz berechnen 1

**Merke:** Der Prozentsatz gibt die Anzahl der hundertstel Teile des Grundwertes an. Er besteht immer aus der Prozentzahl und dem dazugehörigen Prozentzeichen (%).

Die Berechnung von Prozentsätzen bietet die Möglichkeit, bestimmte Sachverhalte miteinander vergleichen zu können.

Beispiel:

Von 25 befragten Mädchen geben 15 Mädchen an, dass sie keine Lieblingsfarbe haben.
Wie viel Prozent (%) aller Mädchen haben keine Lieblingsfarbe?

gegeben: G = 25 Mädchen
P = 15 Mädchen

gesucht: p% = ?

Rechnung mit dem Dreisatz:

: 25 25 Mädchen ≙ 100 %
· 15 1 Mädchen ≙ 100 % : 25 = 4 %
15 Mädchen ≙ 4 % · 15 = 60 %

Du sprichst:

: 25 25 Mädchen entsprechen 100 %
· 15 1 Mädchen ist der 25. Teil, also 4 %.
15 Mädchen sind 15-mal so viel, also 60 %.

60 % aller Mädchen haben keine Lieblingsfarbe.

**1. Berechne den Prozentsatz. Schreibe die Rechnungen an die Pfeile.**

a) G = 200 € P = 80 €

| | € | Prozent | |
|---|---|---|---|
| | | | |
| :200 | | : = | :200 |
| · 80 | | · = | ·80 |

b) G = 160 km P = 4 km

| | km | Prozent | |
|---|---|---|---|
| | | | |
| | | | |
| | | | |

c) G = 40 min P = 39 min

| | min | Prozent | |
|---|---|---|---|
| | | | |
| :40 | | | |
| · 39 | | | |

d) G = 1 250 ha P = 150 ha

| | ha | Prozent | |
|---|---|---|---|
| | | | |
| | | | |
| | | | |

Rechnungen:

## 17 Prozentsatz berechnen 2

**1. Berechne, wie viel Prozent der jeweiligen Fläche bebaut ist. Notiere das Ergebnis und färbe im Gitter das Feld.**

| | a) | b) | c) | d) | e) |
|---|---|---|---|---|---|
| Gesamtfläche | 10 000 $m^2$ | 2 500 $m^2$ | 5 000 $m^2$ | 125 $m^2$ | 200 $m^2$ |
| bebaute Fläche | 5 000 $m^2$ | 1 000 $m^2$ | 2 050 $m^2$ | 95 $m^2$ | 30 $m^2$ |
| Prozentsatz | | | | | |

Rechnungen:

| | | | | |
|---|---|---|---|---|
| 90 % | 40 % | 15 % | 41 % | 12 % |
| 77 % | 2 % | 50 % | 66 % | 7 % |
| 3 % | 5 % | 76 % | 33 % | 75 % |
| 80 % | 79 % | 10 % | 42 % | 25 % |

**Merke:** Häufig geht die Division nicht auf. Dann erhält man eine unendliche Dezimalzahl.

Beispiel:

gegeben: G = 240 € P = 156 € gesucht: p% = ?

240 € ≙ 100 %

1 € ≙ 100 % : 240 = 0,4166666 ... %

Gehe wie folgt vor.

1 € ≙ $\frac{100}{240}$ % Der Bruchstrich bedeutet „geteilt durch“ (:).

156 € ≙ $\frac{100 \cdot 156}{240}$ % = $\frac{\overset{10}{\cancel{100}} \cdot 156}{\underset{24}{\cancel{240}}}$ % = 10 · 156 : 24 = 1 560 : 24 = **65 %**

**2. Gib den Prozentsatz an. Gehe wie im Beispiel vor. Trage das Ergebnis in die Tabelle ein.**

| | a) | b) | c) | d) |
|---|---|---|---|---|
| Grundwert | 960 € | 2 450 € | 720 € | 820 € |
| Prozentwert | 432 € | 1 078 € | 36 € | 369 € |
| Prozentsatz | | | | |

Rechnungen:

18

## Prozentsatz berechnen 3

**1. An der Hauptschulprüfung nahmen 80 Schülerinnen und Schüler teil. 24 von ihnen erreichten die volle Punktzahl.**

| Frage | |
|---|---|
| Rechnung | |
| Antwort | |

**2. Ein Sportverein hat 500 aktive Mitglieder. Rund 120 Personen spielen Fußball.**

| Frage | |
|---|---|
| Rechnung | |
| Antwort | |

**3. Von den 125 Lehrkräften eines Schulzentrums infizierten sich 45 Lehrkräfte mit dem Grippevirus.**

| Frage | |
|---|---|
| Rechnung | |
| Antwort | |

**4. Auf einer Kirmes wurden 5 000 Lose verkauft. Davon waren 3 200 Nieten.**

| Frage | |
|---|---|
| Rechnung | |
| Antwort | |

**5. Bei der Polizei wurden im letzten Monat 40 Anzeigen wegen Diebstahls gestellt. 28 Diebstähle konnten aufgeklärt werden.**

| Frage | |
|---|---|
| Rechnung | |
| Antwort | |

# Grundwert berechnen 1

**Merke:** Der Grundwert gibt den Wert des Ganzen an. Er ist immer 100 %.

<u>Beispiel:</u>

Herr Macron gibt 285 € für die Weihnachtsgeschenke seiner Familie aus. Das sind 15 % seines Monatslohnes.
Wie viel verdient Herr Macron pro Monat?

gegeben: P = 285 € p% = 15 %

gesucht: G = ?

Rechnung mit dem Dreisatz:

| | | |
|---|---|---|
| : 15 | 15 % ≙ 285 € | : 15 |
| · 100 | 1 % ≙ 285 € : 15 = 19 € | · 100 |
| | 100 % ≙ 19 € · 100 = 1 900 € | |

Du sprichst:

15 % entsprechen 285 €.
1 % davon ist der 15. Teil, also 19 €.
100 % sind 100-mal so viel, also 1 900 €.

Herr Macron verdient 1 900 € pro Monat.

**1. Berechne den Grundwert. Schreibe die Rechnungen an die Pfeile.**

a) P = 88 g p% = 4 %

| | Prozent | g | |
|---|---|---|---|
| :4 | | | :4 |
| · 100 | | | · 100 |
| | | | |

b) P = 360 m p% = 60 %

| Prozent | m |
|---|---|
| | |
| | |
| | |

c) P = 124 Tische p% = 31 %

| Prozent | Tische |
|---|---|
| | |
| | |
| | |

d) P = 484 Stifte p% = 16 %

| Prozent | Stifte |
|---|---|
| | |
| | |
| | |

Rechnungen:

## 20 Grundwert berechnen 2

**1. Berechne. Verbinde die Aufgabe mit dem jeweils richtigen Ergebnis. Trage die Buchstaben in die Lösungszeile ein.**

| | Aufgabe |
|---|---|
| a) | 7 % ≙ 42 t |
| b) | 23 % ≙ 943 t |
| c) | 3 % ≙ 909 t |
| d) | 46 % ≙ 9522 t |
| e) | 9 % ≙ 81 t |
| f) | 12 % ≙ 192 t |
| g) | 5 % ≙ 1235 t |
| h) | 25 % ≙ 1250 t |

| Ergebnis | Buchstabe |
|---|---|
| 30300 t | A |
| 20700 t | N |
| 1600 t | I |
| 900 t | D |
| 5000 t | S |
| 4100 t | R |
| 24700 t | O |
| 600 t | G |

| | Lösungswort: |
|---|---|
| a) | |
| b) | |
| c) | |
| d) | |
| e) | |
| f) | |
| g) | |
| h) | |

Rechnungen:

**2. Bei einigen Grundwertberechnungen haben sich Fehler eingeschlichen. Prüfe folgende Aufgaben, streiche fehlerhafte Ergebnisse durch und korrigiere.**

a) 25 % ≙ 420 Schrauben
100 % ≙ 1680 Schrauben

b) 12 % ≙ 225 Nadeln
100 % ≙ 1875 Nadeln

c) 7 % ≙ 112 Würfel
100 % ≙ 1600 Würfel

d) 60 % ≙ 180 Lose
100 % ≙ 300 Lose

e) 50 % ≙ 8,5 Tonnen
100 % ≙ 17 Tonnen

f) 1 % ≙ 3,67 Gramm
100 % ≙ 367 Gramm

Rechnungen:

21

## Grundwert berechnen 3

**1. Am Jahresende werden Frau Hartwig von ihrer Kfz-Versicherung für unfallfreies Fahren 108 € zurückerstattet. Das sind 12 % des Jahresbeitrages.**

| Frage | |
|---|---|
| Rechnung | |
| Antwort | |

**2. Herr Kasulke spendet regelmäßig 8 % seines Monatsgehalts. Die Empfangenden freuen sich über 280 €.**

| Frage | |
|---|---|
| Rechnung | |
| Antwort | |

**3. Nele hat in der Mathearbeit 18 Punkte erreicht. Das sind 60 % der Gesamtpunktzahl.**

| Frage | |
|---|---|
| Rechnung | |
| Antwort | |

**4. 18 % des Urlaubspreises müssen für Fahrtkosten aufgewendet werden. Das sind 270 €.**

| Frage | |
|---|---|
| Rechnung | |
| Antwort | |

**5. 180 € zahlt Pavel für eine gebrauchte Spielekonsole, 40 % des Neupreises.**

| Frage | |
|---|---|
| Rechnung | |
| Antwort | |

# Vermehrten Grundwert berechnen

**Merke:** Es kommt häufig vor, dass der Grundwert prozentual erhöht wird. Preiserhöhungen sind ein gutes Beispiel. Diese werden zu dem jeweiligen Grundwert addiert, sodass man einen vermehrten Grundwert erhält.

Beispiel 1: Der Preis für ein Notebook hat sich um 12 % erhöht. Vor der Preiserhöhung wurde das Notebook für 500 € angeboten.

Wie viel kostet es jetzt?

Rechnung:
100 % + 12 % = 112 %
100 % ≙ 500 €
1 % ≙ 500 € : 100 = 5 €
112 % ≙ 5 € · 112 = 560 €
Antwort: Das Notebook kostet jetzt 560 €.

Beispiel 2: Der Preis für ein Notebook hat sich um 12 % auf 560 € erhöht.

Wie viel kostete es vor der Preiserhöhung?

Rechnung:
100 % + 12 % = 112 %
112 % ≙ 560 €
1 % ≙ 560 € : 112 = 5 €
100 % ≙ 5 € · 100 = 500 €
Antwort: Vor der Preiserhöhung kostete das Notebook 500 €.

**1. Die Partei-Mitgliederzahlen der Stadtverbände haben sich 2023 im Vergleich zum Vorjahr verändert. Trage die neuen Mitgliederzahlen in die Tabelle ein.**

| Partei | Anzahl Mitglieder 2022 | Anzahl Mitglieder 2023 | Veränderungen in % |
|---|---|---|---|
| CDU | 460 | | + 5 % |
| SPD | 325 | | + 16 % |
| Bündnis 90 / Die Grünen | 220 | | + 20 % |
| Freie Wähler | 75 | | + 12 % |

Rechnungen:

**2. Berechne den alten Preis. Trage die Ergebnisse in die Tabelle ein.**

| | a) | b) | c) | d) |
|---|---|---|---|---|
| neuer Preis | 380 € | 550 € | 196 € | 65 € |
| Erhöhung | 25 % | 10 % | 75 % | 30 % |
| alter Preis | | | | |

Rechnungen:

# Verminderten Grundwert berechnen

**Merke:** Wird ein Grundwert verringert, reduziert oder verkleinert, spricht man vom verminderten Grundwert. Preissenkungen sind ein gutes Beispiel. Diese werden von dem jeweiligen Grundwert subtrahiert, sodass man einen verminderten Grundwert erhält.

Beispiel 1: Ein Smartphone wurde bisher für 325 € angeboten. Da das Nachfolgemodell erschienen ist, gewährt der Hersteller einen Preisnachlass von 20 %.
Wie viel kostet es jetzt?

Rechnung:
100 % – 20 % = 80 %
100 % ≙ 325 €
1 % ≙ 325 € : 100 = 3,25 €
80 % ≙ 3,25 € · 80 = 260 €
Antwort: Das Smartphone kostet jetzt 260 €.

Beispiel 2: Der Hersteller wirbt aufgrund eines Modellwechsels mit einem Preisnachlass von 20 % für ein Smartphone. Dieses wird jetzt für 260 € angeboten.
Wie viel kostete es vorher?

Rechnung:
100 % – 20 % = 80 %
80 % ≙ 260 €
1 % ≙ 260 € : 80 = 3,25 €
100 % ≙ 3,25 € · 100 = 325 €
Antwort: Vor der Preissenkung kostete das Smartphone 325 €.

**1. In den letzten Jahren ist die Anzahl der Lernenden im Schulzentrum der Stadt Hamm erheblich gesunken. Vervollständige die Tabelle.**

| Jahr | Anzahl Lernende | Veränderungen zum Vorjahr in % |
|---|---|---|
| 2019 | 1600 | --- |
| 2020 | | – 10 % |
| 2021 | | – 5 % |
| 2022 | | – 25 % |
| 2023 | | – 50 % |

Rechnungen:

**2. Berechne den alten Preis. Trage die Ergebnisse in die Tabelle ein.**

| | a) | b) | c) | d) |
|---|---|---|---|---|
| neuer Preis | 1200 € | 4500 € | 6500 € | 72 € |
| Preisnachlass | 25 % | 28 % | 35 % | 60 % |
| alter Preis | | | | |

Rechnungen:

## 24 Vermischte Übungen zu den drei Grundaufgaben 1

**1. Berechne und notiere die Prozentsätze.**

Anteil der Würfel mit der Augenzahl 1: ______ %

Anteil der Würfel mit der Augenzahl 3: ______ %

Anteil der Würfel mit der Augenzahl 6: ______ %

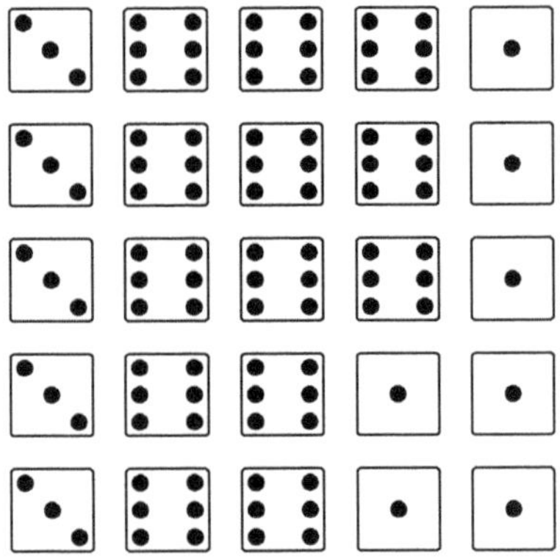

Rechnungen:

**2. Folgende Aufgaben können schnell mit dem Zweisatz-Verfahren gelöst werden. Fülle die Lücken aus.**

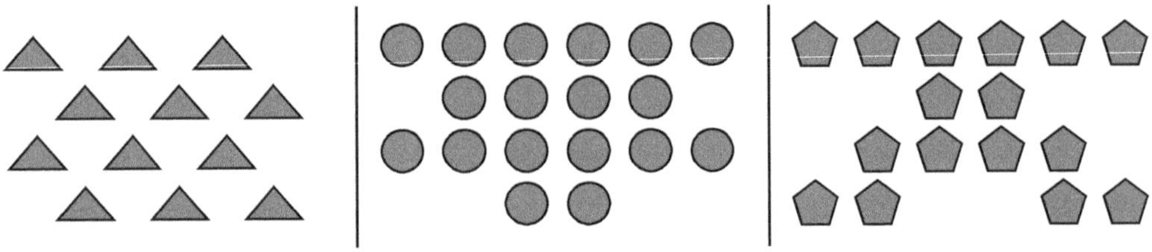

| | | |
|---|---|---|
| 10 % ≙ 12 Dreiecke | 20 % ≙ 18 Kreise | 25 % ≙ 16 Fünfecke |
| 100 % ≙ ____ Dreiecke | 100 % ≙ ____ Kreise | 100 % ≙ ____ Fünfecke |

**3. Male den jeweils vorgegebenen Teil der Kästchen aus.**

30 % 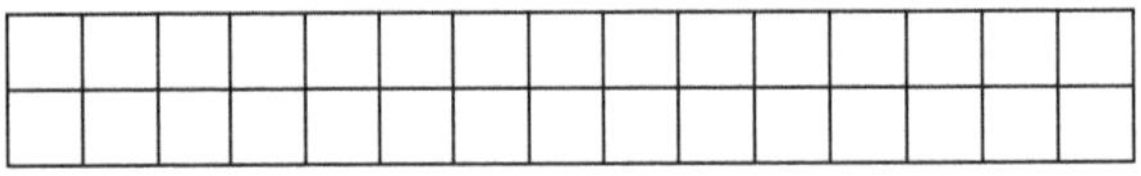

40 % 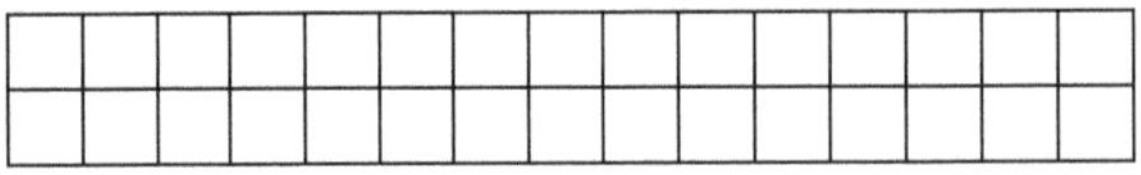

90 % 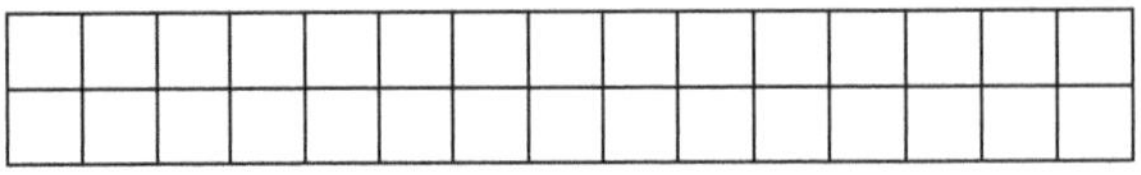

Rechnungen:

# 25 Vermischte Übungen zu den drei Grundaufgaben 2

**1. Berechne und notiere die Ergebnisse im Kreuzzahlgitter.**

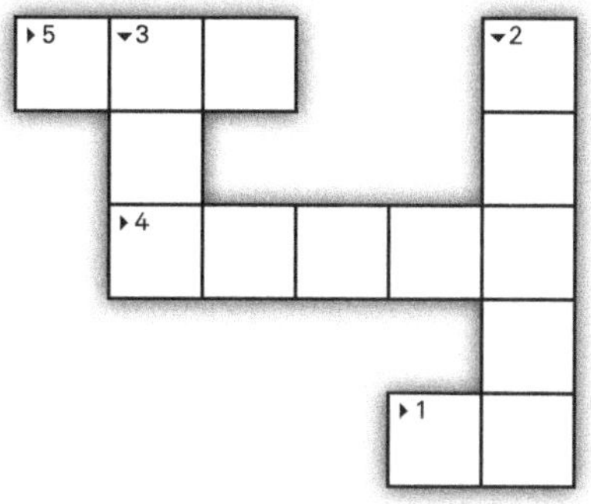


1. gegeben: G = 600; p% = 15 %; gesucht: P = ?
2. gegeben: P = 6 300; p% = 35 %; gesucht: G = ?
3. gegeben: G = 1 200; p% = 26 %; gesucht: P = ?
4. gegeben: P = 9 540; p% = 45 %; gesucht: G = ?
5. gegeben: G = 750; p% = 98 %; gesucht: P = ?

Rechnungen:

**2. Die Ausbildungsvergütung von Samira beträgt 1 500 € (Bruttogehalt). Ausgezahlt werden ihr 1 170 € (Nettogehalt). Wie viel Prozent Abzüge hat Samira? Lies im Merkkasten auf dem Arbeitsblatt Nr. 33 nach, was Brutto- und Nettogehalt bedeutet.**

Rechnungen:

Antwort:

**3. Berechne den Preis ohne Mehrwertsteuer (MwSt., 19 %). Trage die Ergebnisse in die Tabelle ein.**

| | a) | b) | c) | d) | e) |
|---|---|---|---|---|---|
| Preis mit MwSt. (Bruttopreis) | 952 € | 11 900 € | 59,50 € | 29,75 € | 2,38 € |
| Preis ohne MwSt. (Nettopreis) | | | | | |

Rechnungen:

# Formeln für die Prozentrechnung

**Merke:** Die drei Grundaufgaben der Prozentrechnung können neben dem Dreisatz auch mit folgenden Formeln gelöst werden.

**Prozentwert** $= \frac{\text{Grundwert} \cdot \text{Prozentwert}}{100}$ $\qquad P = \frac{G \cdot p\%}{100}$

Der Bruchstrich bedeutet „geteilt durch", also **P = G · p% : 100**

**Prozentsatz** $= \frac{\text{Prozentwert} \cdot 100}{\text{Grundwert}}$ $\qquad p\% = \frac{P \cdot 100}{G}$

Der Bruchstrich bedeutet „geteilt durch", also **p% = P · 100 : G**

**Grundwert** $= \frac{\text{Prozentwert} \cdot 100}{\text{Prozentsatz}}$ $\qquad G = \frac{P \cdot 100}{p\%}$

Der Bruchstrich bedeutet „geteilt durch", also **G = P · 100 : p%**

**1. Wie viel sind 40 % von 750 Videospielen?**
**Fülle die Lücken aus.**

☐ % von ☐ Videospielen = ? Videospiele

↓ p% ↓ G ↓ P (gesucht)

**Anwendung der Formel:**

$$P = \frac{750 \cdot 40}{100} = \frac{750 \cdot 4\not{0}}{10\not{0}} = \frac{3000}{10} = \square$$

Antwort: 40 % von ☐ Videospielen sind ☐ Videospiele.

**2. Wie viel Prozent sind 270 Fernseher von 900 Fernsehern?**
**Fülle die Lücke aus.**

? Fernseher von ☐ Fernsehern = 270 Fernseher

↓ p% (gesucht) ↓ G ↓ P

**Anwendung der Formel:**

$$p\% = \frac{270 \cdot 100}{900} = \frac{270 \cdot 1\not{0}\not{0}}{9\not{0}\not{0}} = \frac{270}{9} = \square\ \%$$

Antwort: 270 Fernseher von ☐ Fernsehern sind ☐ %.

**3. 30 % aller Bücher sind 216 Bücher. Wie viele Bücher sind es insgesamt?**
**Fülle die Lücken aus.**

☐ % von ? Büchern = 216 Bücher

↓ p% ↓ G (gesucht) ↓ P

**Anwendung der Formel:**

$$G = \frac{216 \cdot 100}{30} = \frac{216 \cdot 10\not{0}}{3\not{0}} = \frac{2160}{3} = \square$$

Antwort: Wenn ☐ % aller Bücher 216 sind, dann sind es insgesamt ☐ Bücher (100 %).

# 27 Formel zur Berechnung des Prozentwertes anwenden

Berechne sämtliche Aufgaben auf einem extra Blatt.

1. **In einer Obstplantage mit 600 Bäumen sind 16 % Kirschbäume, 32 % Apfelbäume, 28 % Pflaumenbäume und 24 % Birnenbäume.
Berechne, wie viele Bäume von jeder Obstsorte in der Plantage vorhanden sind.**

2. **Übertrage die nebenstehende Abbildung.**

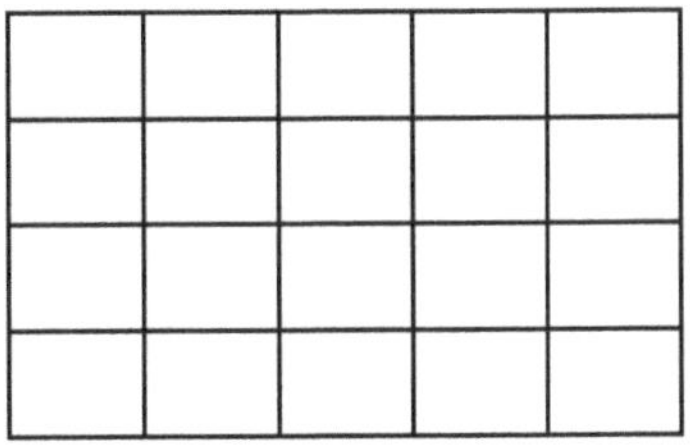

**Male 15 % der Fläche rot, 35 % der Fläche grün, 5 % der Fläche gelb, 25 % der Fläche blau und die restliche Fläche schwarz an.**

**Wie viele der kleinen Rechtecke entfallen auf die verschiedenen Farben? Notiere.**

3. **Ein Modegeschäft senkt für den Winterschlussverkauf die Preise sämtlicher Kleidungsstücke um 20 %. Vor der Preissenkung kostete eine Jacke 375 €, eine Jeans 60 €, ein Mantel 190 €, ein Herrenanzug 255 € und ein Hemd 28 €.
Berechne die neuen Preise.**

4. **In einem Wald stehen rund 55 000 Nadelbäume. 5 % der Bäume haben faule Stellen und Pilzbewuchs. Wie viele Bäume sind nicht geschädigt? Schreibe auf.**

5. **Zwei Reiseanbieter werben für dasselbe Hotel. Prüfe, welches Angebot das günstigere ist. Berechne den jeweiligen Preis.**

**Angebot 1**
Hotel Ostseeperle ✧✧✧
Kühlungsborn
1 Woche Übernachtung im Doppelzimmer mit Frühstück
20 % Rabatt
~~550~~ € pro Person

**Angebot 2**
Hotel Ostseeperle ✧✧✧✧
Kühlungsborn
1 Woche Übernachtung im Doppelzimmer mit Frühstück
25 % Rabatt
~~590~~ € pro Person

6. **Ein Elektronikmarkt möchte im Lager Platz für neue Produkte schaffen. Auf ausgewählte Artikel entfällt die Mehrwertsteuer in Höhe von 19 %.
Berechne jeweils den Preisnachlass.**

**„Wir schenken Ihnen die Mehrwertsteuer – 19 % sparen!“**

APhone 12 ~~780~~ € OLED-TV ~~2150~~ € Gaming-PC ~~1780~~ €

# 28 Formel zur Berechnung des Prozentsatzes anwenden

Berechne sämtliche Aufgaben auf einem extra Blatt.

1. **In einem Karton befinden sich 120 Buntstifte, davon sind 18 blau, 30 grün und 72 gelb.**
   **a) Wie viel Prozent aller Buntstifte sind blau?**
   **b) Wie viel Prozent aller Buntstifte sind grün?**
   **c) Wie viel Prozent aller Buntstifte sind gelb?**

2. **Zwei Mechaniker A. und B. fertigen Schraubenschlüssel an. Bei A. waren von 2400 Stück 12 fehlerhaft und bei B. von 2500 Stück 15 nicht einwandfrei.**
   **a) Wie viel Prozent aller Schraubenschlüssel waren bei A. fehlerhaft?**
   **b) Wie viel Prozent aller Schraubenschlüssel waren bei B. nicht einwandfrei?**
   **c) Welcher der beiden Mechaniker hat prozentual besser gearbeitet?**

3. **Mike erhält in jedem Monat 20 € Taschengeld, seine jüngere Schwester Elena 16 €. Davon spart Mike monatlich 6,60 € und Anja 6,40 €.**
   **Wer von den beiden Geschwistern hat prozentual mehr gespart?**

4. **Ein Neuwagen hat bisher 25000 € gekostet. Das Autohaus senkt den Preis um 3000 €.**
   **Wie viel Prozent des ursprünglichen Preises muss für das Fahrzeug noch bezahlt werden?**

5. **Zwei Luxushotels reduzieren ihre Preise.**
   **Berechne die prozentualen Einsparmöglichkeiten.**

| GRAND HOTEL USEDOM | GRAND HOTEL WARNEMÜNDE |
|---|---|
| 2 Wochen Familienurlaub (2 Erwachsene / 2 Kinder) im 5-Sterne-Hotel | 2 Wochen Familienurlaub (2 Erwachsene / 2 Kinder) im 5-Sterne-Hotel |
| statt 4800 € **nur 3600 €** | statt 4000 € **nur 3200 €** |

6. **Ein Möbelhaus wirbt mit folgenden Angeboten.**

**»Mega-Rabatte. Sofort zuschlagen!«**

| | |
|---|---|
| Boxspringbett | statt ~~2500~~ € nur noch 1400 € |
| Couchgarnitur | statt ~~2000~~ € nur noch 750 € |
| Kleiderschrank | statt ~~800~~ € nur noch 420 € |

**a) Wie viel Prozent des ursprünglichen Preises müssen noch bezahlt werden?**
**b) Um wie viel Prozent wurden die Möbelstücke jeweils reduziert?**

# 29 Formel zur Berechnung des Grundwertes anwenden

Berechne sämtliche Aufgaben auf einem extra Blatt.

1. **Ein kanadischer Hardware-Hersteller exportiert pro Jahr 2 100 Computer nach Europa. Das entspricht 30 % der gesamten Produktion. Wie viele Computer stellt das Unternehmen jährlich her?**

2. **Drei Freunde fanden im Laufe eines Jahres verschiedene Wertgegenstände, für die sie 5 % Finderlohn erhielten. Ali bekam für einen Ring 16 €, Marcel für eine Kette 33 € und Felix für einen Geldbeutel 12,50 €. Welchen Wert hatten die einzelnen Gegenstände?**

3. **Melina, Zahina und Madeleine möchten ihrem Bruder zum Geburtstag einen Fußball schenken, der 72 € kostet. Jedes der Mädchen zahlt den gleichen Anteil, den sie jeweils aus der Spardose holen. Für Melina sind das 40 % ihrer Ersparnisse, für Zahina 30 % und für Madeleine 16 %. Wie viel Geld hatte jede der drei Schwestern in der Spardose?**

4. **Eine Buchhandlung verkauft Bücher aus Restbeständen. Diese werden zu einem Nachlass von 35 % des Neupreises angeboten. Für einen Roman muss man jetzt 13 € bezahlen, für ein Sachbuch 16,90 €, für einen Weltatlas 20,80 € und für ein Tierlexikon 26 €. Wie hoch waren die Neupreise für die verschiedenen Bücher?**

5. **Die Angestellten der Firma Bräsig erhalten im Dezember für hervorragende Arbeitsleistung jeweils 15 % ihres Monatsgehaltes als Sonderzahlung. Die Personalabteilung berechnet folgende Beträge.**

| | | | |
|---|---|---|---|
| Herr Adam | 270 € | Frau Rehm | 750 € |
| Frau Göbel | 180 € | Herr Cesar | 187,50 € |
| Herr Harth | 165 € | Herr Omidi | 214,50 € |

**Wie viel verdient jede der angestellten Personen monatlich?**

6. **Bei folgenden Produkten ist lediglich die Mehrwertsteuer in Höhe von 19 % ausgewiesen. Berechne den jeweiligen Verkaufspreis (Bruttopreis).**

| Produkt | Mehrwertsteuer (19 %) | Verkaufspreis (Bruttopreis) |
|---|---|---|
| Wagenheber | 15,01 | ? |
| Warndreieck | 2,85 € | ? |
| Motoröl | 3,99 € | ? |

# 30 Vermischte Sachaufgaben: Mit Formeln rechnen

**1. Lies folgende Sachaufgaben aufmerksam durch. Notiere jeweils die zwei gegebenen Größen (Bezeichnung und Wert) sowie die gesuchte Größe.**

a) Die Friedrich-Ebert-Schule hat 1 300 Schülerinnen und Schüler. 60 % von ihnen fahren mit öffentlichen Verkehrsmitteln.

Gegebene Größe 1: ______________________

Gegebene Größe 2: ______________________

Gesuchte Größe: ______________________

b) Bei einer Wahl entfielen von 20 000 abgegebenen Stimmen 6 200 Stimmen auf den Kandidaten Polat.

Gegebene Größe 1: ______________________

Gegebene Größe 2: ______________________

Gesuchte Größe: ______________________

c) Frau Litzinger erhält beim Kauf eines Neuwagens einen Preisnachlass in Höhe von 3 000 €. Die eingesparten 15 % des Kaufpreises schenkt sie ihrer Tochter.

Gegebene Größe 1: ______________________

Gegebene Größe 2: ______________________

Gesuchte Größe: ______________________

d) Eine Buchhändlerin verkaufte in einem Monat Bücher im Wert von 22 400 €. Das waren 10 % des Jahresumsatzes.

Gegebene Größe 1: ______________________

Gegebene Größe 2: ______________________

Gesuchte Größe: ______________________

**2. Löse die Sachaufgaben 1. a) bis d) auf einem extra Blatt. Verwende das Schema „Frage – Rechnung – Antwort“.**

31

## Rechnungsdokument

**Merke:** In einem Rechnungsdokument werden Lieferungen oder sonstige Leistungen an eine Kundin bzw. einen Kunden abgerechnet. Wichtige Bestandteile einer Rechnung sind u. a. Rechnungsdatum, Rechnungsnummer, Kundennummer und Rechnungsbetrag, aufgeschlüsselt in Nettobetrag (ohne Mehrwertsteuer) und Bruttobetrag (mit Mehrwertsteuer).

**1. Bearbeite mithilfe des abgebildeten Rechnungsdokuments folgende Aufgabenstellungen. Trage die Ergebnisse in die leeren Kästchen ein.**

a.) Auf der Rechnung ist ein Nettobetrag in Höhe von 485,00 € ausgewiesen. Berechne die Mehrwertsteuer (19 %).

Rechnung:

Antwort:

b) Wie hoch ist der Rechnungsbetrag, der überwiesen werden muss? Berechne.

Rechnung:

Antwort:

c) Überlege, warum es wichtig ist, bei einer Banküberweisung Rechnungsnummer und Kundennummer im Feld „Verwendungszweck" anzugeben. Schreibe auf.

Antwort:

**Möbel Deluxe**
Pappelweg 8
63695 Glauburg

Frau
Julia Müller
Keltenstraße 11
35510 Butzbach

28.04.2023

Rechnungsnummer: 2233
Kundennummer: 46571

| Pos. | Menge | Beschreibung | Einzelpreis (netto) | Betrag (netto) |
|---|---|---|---|---|
| 1 | 1 | Esstisch Premium | 485.00 € | 485,00 € |
| | | | Nettobetrag | 485,00 € |
| | | | 19% MwSt. (Umsatzsteuer) | € |
| | | | **Rechnungsbetrag (brutto)** | € |

Zahlung innerhalb von 14 Tagen nach Erhalt.

Bankverbindung: Sparkasse Oberhessen
IBAN: DE51 5185 0079 1111 1111 11

Steuernummer: 1234567

## 32 Skontorechnung

**Merke:** Das Wort „Skonto“ kommt aus dem Italienischen und bedeutet „Abzug“. Skonto ist ein Preisnachlass, der in Prozenten angegeben wird. Skonto wird gewährt, wenn der Rechnungsbetrag sofort oder kurzfristig bezahlt wird. Als Zusatz erscheint auf der Rechnung z.B. „2 % Skonto bei Zahlung innerhalb von 7 Tagen“. Der Skontosatz liegt üblicherweise zwischen 2 % und 5 %.

**1. Herr Steinfeld kauft einen PC für 468 €. Auf der Rechnung steht, dass bei Zahlung innerhalb 5 Tagen 3 % Skonto abgezogen werden kann. Welchen Betrag kann Herr Steinfeld als Skonto abziehen, wenn er den PC innerhalb der gestellten Frist bezahlt?**

Rechnungen:

Antwort:

**2. Rechne auf einem extra Blatt und trage die Ergebnisse in die Tabellen ein.**

| | a) | b) | c) | d) |
|---|---|---|---|---|
| Rechnungsbetrag | 200 € | 1 400 € | 245 € | 678 € |
| Skonto in € | 6 € | 28 € | 9,80 € | 30,51 € |
| Skonto in % | | | | |

| | e) | f) | g) | h) |
|---|---|---|---|---|
| Rechnungsbetrag | 140 € | 764 € | 876 € | 1 560 € |
| Skonto in % | 2 % | 3 % | 4 % | 5 % |
| Skonto in € | | | | |

**3. Herr Arslan und Frau Koske kaufen beide ein Motorrad im Wert von 8 000 € (Nettopreis, ohne Mehrwertsteuer). Der Händler gewährt jeweils 3 % Skonto. Herr Arslan möchte den Skonto abziehen, nachdem der Händler die Mehrwertsteuer (Mwst.) addiert hat. Frau Koske möchte den Skonto abziehen, bevor der Händler die Mehrwertsteuer addiert hat.**

Herr Arslan
1 Motorrad 8 000,00 €
+ 19 % Mehrwertsteuer: ________
Zwischensumme: ________
– 3 % Skonto: ________
**Zahlungsbetrag**: ________

Frau Koske
1 Motorrad 8 000,00 €
– 3 % Skonto: ________
Zwischensumme: ________
+ 19 % Mehrwertsteuer: ________
**Zahlungsbetrag**: ________

a) Führe die Rechnungen auf einem extra Blatt durch.
b) Übertrage die Ergebnisse auf die Linien. Was fällt dir auf? Notiere.

## 33 Bruttolohn und Nettolohn

**Merke:** Unter dem Bruttoverdienst (Bruttolohn, Bruttogehalt, Bruttoeinkommen) versteht man den Verdienst, bei dem die gesetzlichen Abzüge noch eingerechnet sind. Der Nettoverdienst (Nettolohn, Nettogehalt, Nettoeinkommen) ist der Verdienst, bei dem die gesetzlichen Abzüge bereits berücksichtigt wurden. Mit Abzügen sind die Sozialabgaben (Krankenversicherung, Arbeitslosenversicherung u. a.) und Steuern (Lohnsteuer, Kirchensteuer) gemeint.

1. **Frau Wilhelmi hat ein monatliches Bruttogehalt von 3 650 €. Davon muss sie 15 % Lohnsteuer zahlen.**
   **Welchen Betrag erhält der Staat monatlich an Lohnsteuer?**

Rechnungen:

Antwort:

2. **Herr Berthold hat einen Monatslohn von 1 800 € brutto. Davon werden ihm 23,40 € als Beitrag für die Arbeitslosenversicherung abgezogen.**
   **Wie viel Prozent vom Bruttolohn erhält die gesetzliche Arbeitslosenversicherung?**

Rechnungen:

Antwort:

3. **Ermittle auf einem extra Blatt anhand der abgebildeten Auflistung das Nettogehalt von Frau Borzellino.**
   **<u>Beachte:</u> Zur Berechnung der einzelnen Sozialversicherungsbeiträge sowie der Lohnsteuer ist das Bruttoeinkommen als Grundwert zu berücksichtigen. Bei der Kirchensteuer ist der Betrag der zu zahlenden Lohnsteuer der Grundwert.**

| | |
|---|---|
| Name: | Antonia Borzellino |
| Beruf: | Altenpflegerin |
| Familienstand: | ledig |
| Lohnsteuerklasse: | I |
| Geburtsdatum: | 08.01.1996 |
| Bruttoeinkommen pro Monat: | 2 500 € |
| Konfession: | römisch-katholisch |
| **Sozialversicherungsbeiträge** | |
| Krankenversicherung | 8,1 % (inkl. Zusatzbeitrag) |
| Pflegeversicherung | 1,53 % (gerundet) |
| Rentenversicherung | 9,3 % |
| Arbeitslosenversicherung: | 1,3 % |
| **Steuern & sonstige Abgaben** | |
| Lohnsteuer: | 9 % |
| Kirchensteuer: | 9 % von der Lohnsteuer |

# Brutto – Netto – Tara

Fast alle Waren, die wir kaufen, sind verpackt.

**Merke:** Bruttogewicht (Rohgewicht) ≙ Gewicht Ware + Gewicht Verpackungsmaterial
Nettogewicht (Reingewicht) ≙ Gewicht der Ware ohne Gewicht der Verpackung
Verpackungsgewicht (Tara) ≙ Gewicht Verpackungsmaterial ohne Gewicht der Ware

Beispiel: Ein Fernsehgerät wiegt 20 kg, zusammen mit dem Verpackungskarton sind es 25 kg. Wie viel Prozent vom Bruttogewicht macht das Verpackungsgewicht aus?

Rechnerische Lösung:

| | | |
|---|---|---|
| 25 kg ≙ 100% | | 25 kg ≙ 100% |
| 1 kg ≙ 100 % : 25 = 4 % | oder | 5 kg ≙ 100 % : 5 = 20 % |
| 5 kg ≙ 4 % · 5 = 20 % | | |

Antwort: Das Verpackungsgewicht macht 20 % des Bruttogewichts aus.

**1. Ein wertvoller Kunstgegenstand wiegt 1 200 g. Um ihn vor Beschädigung beim Transport zu schützen, muss er stabil verpackt werden. 4 800 g wiegt das Verpackungsmaterial.**
**Wie viel Prozent vom Bruttogewicht macht das Verpackungsgewicht aus?**

Rechnung:

Antwort:

**2. Rechne auf einem extra Blatt und trage die Ergebnisse in die Tabelle ein.**

| | a) | b) | c) | d) |
|---|---|---|---|---|
| Bruttogewicht | 400 kg | 650 kg | 1 640 kg | 5 500 kg |
| Nettogewicht | 332 kg | 559 kg | 1 394 kg | 5 203 kg |
| Verpackungsgewicht in % | | | | |

**3. Führe die Rechnungen auf einem extra Blatt durch.**

| Bruttogewicht | Nettogewicht | Verpackungsgewicht |
|---|---|---|
| Tresor mit Kiste 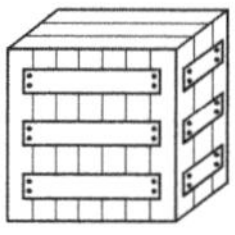 | Tresor ohne Kiste 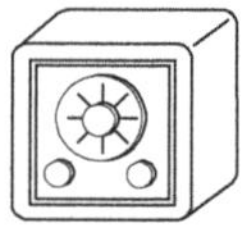 | Kiste ohne Tresor 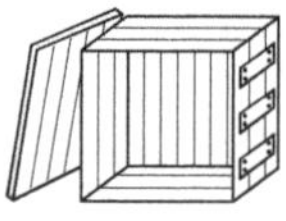 |
| 140 kg | 119 kg | kg |

a) Wie viel wiegt das Verpackungsmaterial?
b) Wie viel Prozent vom Bruttogewicht macht das Verpackungsgewicht aus?
c) Wie viele verpackte Tresore kann ein Lkw transportieren, der 4,2 t Ladefähigkeit hat?

## 35 Lernkontrolle 1: Brüche, Dezimalzahlen und Rechnen mit Prozenten

**1. Vervollständige die Tabelle.**

| | Gekürzter Bruch | Hundertstelbruch | Dezimalzahl | Prozentzahl |
|---|---|---|---|---|
| a) | $\frac{8}{10}$ | | | |
| b) | | $\frac{50}{100}$ | | |
| c) | | | 0,45 | |
| d) | | | | 35 % |
| e) | $\frac{9}{25}$ | | | |
| f) | | $\frac{60}{100}$ | | |

**2. Berechne jeweils die fehlende Größe auf einem extra Blatt. Übertrage die Ergebnisse.**

| | Grundwert G | Prozentsatz p% | Prozentwert P |
|---|---|---|---|
| a) | 750 kg | 60 % | |
| b) | 1 000 € | | 200 € |
| c) | | 15 % | 2 700 m |
| d) | 140 $cm^2$ | | 42 $cm^2$ |
| e) | | 5 % | 385 g |
| f) | 12 400 t | | 3 162 t |

**3. Gib in Prozent an. Fülle die Lücken aus.**

a) Jede fünfte Lehrkraft ist jünger als 30 Jahre. Das sind ______ Prozent.

b) Vier Zehntel aller Befragten lieben Wintersport. Das sind ______ Prozent.

c) 5 Zehntel und 6 Hundertstel: Das sind ______ Prozent.

d) Vierundneunzig Hundertstel: Das sind ______ Prozent.

e) null – Komma – drei – sechs: Das sind ______ Prozent.

## 36 Lernkontrolle 2: Sachaufgaben Prozentrechnung

Berechne sämtliche Aufgaben auf einem extra Blatt und kreuze anschließend jeweils das Ergebnis an.

1. **Herr Reza möchte sich einen Wintergarten für 42 000 € anfertigen lassen. Er handelt einen Rabatt in Höhe von 15 % aus. Welchem Betrag entspricht das?**

☐ 5 500 € ☐ 5 800 € ☐ 6 200 € ☐ 6 300 €

2. **Frau Janez zahlt für einen Kaminofen nach Abzug von 20 Prozent nur noch 2 400 €. Wie viel Euro hätte sie ohne Preisnachlass zahlen müssen?**

☐ 2 500 € ☐ 2 700 € ☐ 3 000 € ☐ 3 200 €

3. **Die monatlichen Stromkosten von Herrn Radimsky erhöhen sich ab dem nächsten Monat um 3 % auf 82,40 €. Welchen Betrag zahlte Herr Radimsky bisher?**

☐ 77,50 € ☐ 80,00 € ☐ 80,10 € ☐ 81,00 €

4. **In der Klasse 8b sind 12 Mädchen. 60 % der Klassenmitglieder sind Jungen. Wie viele Jugendliche hat die Klasse insgesamt?**

☐ 26 Jugendliche ☐ 28 Jugendliche ☐ 29 Jugendliche ☐ 30 Jugendliche

5. **Die Buchhaltung eines Versandhändlers stellt eine Rechnung in Höhe von 1 395 € aus. Vorher wurden der Kundin 5 % Nachlass und 2 % Skonto gewährt. Wie hoch wäre der ursprüngliche Rechnungsbetrag ohne Abzüge gewesen?**

☐ 1 500 € ☐ 1 550 € ☐ 1 600 € ☐ 1 610 €

6. **Von 85 wahlberechtigten Lehrkräften haben 68 Lehrkräfte an der Personalratswahl teilgenommen. Wie viel Prozent der wahlberechtigten Lehrkräfte haben nicht gewählt?**

☐ 17 % ☐ 20 % ☐ 23 % ☐ 26 %

# Lerntagebuch „Prozentrechnung“

E steht für erledigt, R steht für richtig!

## Mit Brüchen und Dezimalzahlen rechnen

| Arbeitsblatt | Ich kann ... | Aufgabe 1. E | 1. R | 2. E | 2. R | 3. E | 3. R | 4. E | 4. R | 5. E | 5. R | 6. E | 6. R | Selbstbeurteilung |
|---|---|---|---|---|---|---|---|---|---|---|---|---|---|---|
| 1 | ... Zähler und Nenner bestimmen, Bruchzahlen lesen und schreiben. | | | | | | | | | | | | | ☺ 😐 ☹ |
| 2 | ... Brüche auf den Nenner 100 erweitern und kürzen. Ich bin in der Lage, die jeweilige Erweiterungszahl bzw. Kürzungszahl zu bestimmen. | | | | | | | | | | | | | ☺ 😐 ☹ |
| 3 | ... auf dem langen Bruchstrich vor dem Multiplizieren und Dividieren untereinander kürzen. Zudem weiß ich, dass immer dieselbe Anzahl an Nullen im Zähler und Nenner gestrichen wird. | | | | | | | | | | | | | ☺ 😐 ☹ |
| 4 | ... Teile eines Ganzen als Bruch schreiben. Ich weiß, dass der Bruchstrich „von“ bedeutet. | | | | | | | | | | | | | ☺ 😐 ☹ |
| 5 | ... Anteile vergleichen, indem ich Vergleichsbrüche mit dem Nenner 100 bilde. | | | | | | | | | | | | | ☺ 😐 ☹ |
| 6 | ... mithilfe von Brüchen den Anteil von Anzahlen und Größen berechnen. | | | | | | | | | | | | | ☺ 😐 ☹ |
| 7 | ... Zehnerbrüche und gemischte Zahlen in Kommazahlen (Dezimalzahlen) umwandeln und in eine Stellenwerttafel übertragen. Ich weiß, wie man Dezimalzahlen miteinander vergleicht und ordnet. | | | | | | | | | | | | | ☺ 😐 ☹ |
| 8 | ... Dezimalzahlen durch Verschieben des Kommas mit Zehnerzahlen multiplizieren und dividieren. Ich bin zudem in der Lage, Dezimalzahlen mit natürlichen Zahlen zu multiplizieren und durch natürliche Zahlen zu dividieren. | | | | | | | | | | | | | ☺ 😐 ☹ |

# Lerntagebuch „Prozentrechnung“

E steht für erledigt, R steht für richtig!

## Einführung in die Prozentrechnung

| Arbeitsblatt | Ich kann ... | Aufgabe 1. E | 1. R | 2. E | 2. R | 3. E | 3. R | 4. E | 4. R | 5. E | 5. R | 6. E | 6. R | Selbstbeurteilung |
|---|---|---|---|---|---|---|---|---|---|---|---|---|---|---|
| 9 | ... Prozentangaben aus dem Alltag beschreiben und kenne deren Bedeutung. | | | | | X | X | X | X | X | X | X | X | ☺😐☹ |
| 10 | ... Prozent als Zeichen „%“ schreiben und kenne die Bedeutung „von Hundert“. Ich weiß, dass 100 % das Ganze sind und 1 % der 100. Teil des Ganzen ist. | | | | | | | X | X | X | X | X | X | ☺😐☹ |
| 11 | ... Hundertstelbrüche in Prozent angeben. | | | | | | | X | X | X | X | X | X | ☺😐☹ |
| 12 | ... die drei Grundaufgaben der Prozentrechnung unterscheiden, sowie Prozentwert (P), Prozentsatz (p%) und Grundwert (G) aus Sachaufgaben bestimmen. | | | | | X | X | X | X | X | X | X | X | ☺😐☹ |

# Lerntagebuch „Prozentrechnung“

E steht für erledigt, R steht für richtig!

## Prozentrechnung mit dem Dreisatz

| Arbeitsblatt | Ich kann … | Aufgabe | | | | | | | | | | | | Selbstbeurteilung |
|---|---|---|---|---|---|---|---|---|---|---|---|---|---|---|
| | | 1. | | 2. | | 3. | | 4. | | 5. | | 6. | | |
| | | E | R | E | R | E | R | E | R | E | R | E | R | |
| 13 | … den Dreisatz zur Berechnung des Prozentwertes anwenden, wenn ich den Grundwert und den Prozentsatz kenne. | | | | | | | | | | | | | ☺😐☹ |
| 14 | … für die Prozentsätze 50 %, 25 %, 20 % und 10 % bei gegebenen Grundwerten die zugehörigen Prozentwerte mithilfe des Zweisatzes auf die schnelle Weise berechnen. | | | | | | | | | | | | | ☺😐☹ |
| 15 | … den Dreisatz aus Sachaufgaben korrekt aufstellen und den jeweiligen Prozentwert berechnen. | | | | | | | | | | | | | ☺😐☹ |
| 16 | … den Dreisatz zur Berechnung des Prozentsatzes anwenden, wenn ich den Grundwert und den Prozentwert kenne. | | | | | | | | | | | | | ☺😐☹ |
| 17 | … den Dreisatz zur Berechnung des Prozentsatzes in der Bruchschreibweise anwenden. Ich weiß, dass der Bruchstrich „geteilt durch“ bedeutet. | | | | | | | | | | | | | ☺😐☹ |
| 18 | … den Dreisatz aus Sachaufgaben korrekt aufstellen und den jeweiligen Prozentsatz berechnen. | | | | | | | | | | | | | ☺😐☹ |
| 19 | … den Dreisatz zur Berechnung des Grundwertes anwenden, wenn ich Prozentwert und Prozentsatz kenne. | | | | | | | | | | | | | ☺😐☹ |
| 20 | … fehlerhafte Berechnungen von Grundwerten erkennen und korrigieren. | | | | | | | | | | | | | ☺😐☹ |
| 21 | … den Dreisatz aus Sachaufgaben korrekt aufstellen und den jeweiligen Grundwert berechnen. | | | | | | | | | | | | | ☺😐☹ |
| 22 | … erklären, was ein vermehrter Grundwert ist und diesen ermitteln. | | | | | | | | | | | | | ☺😐☹ |
| 23 | … erklären, was ein verminderter Grundwert ist und diesen ermitteln. | | | | | | | | | | | | | ☺😐☹ |
| 24 | … Prozentsatz, Grundwert und Prozentwert aus Darstellungen herauslesen und berechnen. | | | | | | | | | | | | | ☺😐☹ |
| 25 | … vermischte Aufgaben zu den drei Grundaufgaben der Prozentrechnung sicher bearbeiten. | | | | | | | | | | | | | ☺😐☹ |

# Lerntagebuch „Prozentrechnung“

E steht für erledigt, R steht für richtig!

## Prozentrechnung mit Formeln

| Arbeitsblatt | Ich kann ... | Aufgabe 1. E | 1. R | 2. E | 2. R | 3. E | 3. R | 4. E | 4. R | 5. E | 5. R | 6. E | 6. R | Selbstbeurteilung |
|---|---|---|---|---|---|---|---|---|---|---|---|---|---|---|
| 26 | ... die drei Formeln zur Berechnung von Prozentwert, Prozentsatz und Grundwert korrekt notieren. Ich weiß, dass der Bruchstrich eine andere Schreibweise der Division ist. | | | | | | | X | X | X | X | X | X | ☺ 😐 ☹ |
| 27 | ... Sachaufgaben mit der Prozentwert-Formel lösen, wenn der Prozentsatz und Grundwert gegeben sind. | | | | | | | | | | | | | ☺ 😐 ☹ |
| 28 | ... Sachaufgaben mit der Prozentsatz-Formel lösen, wenn der Grundwert und Prozentwert gegeben sind. | | | | | | | | | | | | | ☺ 😐 ☹ |
| 29 | ... Sachaufgaben mit der Grundwert-Formel lösen, wenn der Prozentwert und Prozentsatz gegeben sind. | | | | | | | | | | | | | ☺ 😐 ☹ |
| 30 | ... in Sachaufgaben sicher unterscheiden, ob ich Prozentwert, Prozentsatz oder Grundwert mit der jeweiligen Formel berechnen muss. | | | | | X | X | X | X | X | X | X | X | ☺ 😐 ☹ |

# Lerntagebuch „Prozentrechnung“

E steht für erledigt, R steht für richtig!

**Praktische Anwendungsbeispiele der Prozentrechnung**

| Arbeitsblatt | Ich kann … | Aufgabe 1. | | 2. | | 3. | | 4. | | 5. | | 6. | | Selbstbeurteilung |
|---|---|---|---|---|---|---|---|---|---|---|---|---|---|---|
| | | E | R | E | R | E | R | E | R | E | R | E | R | |
| 31 | … die Begriffe Bruttobetrag, Nettobetrag und Mehrwertsteuer in einem Rechnungsdokument voneinander unterscheiden und Berechnungen durchführen. | | | | | | | | | | | | | ☺ 😐 ☹ |
| 32 | … den Begriff Skonto erklären und den Preisnachlass in Anwendungsaufgaben berechnen. | | | | | | | | | | | | | ☺ 😐 ☹ |
| 33 | … die Begriffe Bruttolohn und Nettolohn voneinander unterscheiden. Ich weiß, dass Sozialversicherungsbeiträge und Steuern vom Bruttolohn abgezogen werden. Diese kann ich mit dem Dreisatz oder der Prozentwertformel berechnen. | | | | | | | | | | | | | ☺ 😐 ☹ |
| 34 | … die Begriffe Brutto, Netto und Tara erklären und entsprechende Sachaufgaben lösen. | | | | | | | | | | | | | ☺ 😐 ☹ |

E steht für erledigt, R steht für richtig!

**Lernkontrollen**

| Arbeitsblatt | Ich kann … | Aufgabe 1. | | 2. | | 3. | | 4. | | 5. | | 6. | | Selbstbeurteilung |
|---|---|---|---|---|---|---|---|---|---|---|---|---|---|---|
| | | E | R | E | R | E | R | E | R | E | R | E | R | |
| 35 | … die Lernkontrolle mit Aufgaben zu Brüchen, Dezimalzahlen und zur Prozentrechnung erfolgreich bearbeiten. | | | | | | | | | | | | | ☺ 😐 ☹ |
| 36 | … die Lernkontrolle mit vermischten Sachaufgaben zur Prozentrechnung sicher bearbeiten. | | | | | | | | | | | | | ☺ 😐 ☹ |

# Lösungen

## ① Zähler und Nenner

**1. Wie sind Brüche aufgebaut? Trage die Begriffe in die Kästchen ein.**

$\frac{3}{4}$ → Zähler / Bruchstrich / Nenner

Bruchstrich – Nenner – Zähler

**2. Kreuze die richtigen Aussagen an.**

- [x] Brüche entstehen bei der Teilung eines Ganzen.
- [x] Der Nenner gibt an, in wie viele gleich große Teile das Ganze aufgeteilt wurde.
- [ ] Der Nenner ist die Zahl über dem Bruchstrich.
- [x] Der Zähler zählt die Teile, die vom Ganzen genommen werden.
- [ ] Die Zahl unter dem Bruchstrich heißt Zähler.
- [x] Der Bruchstrich steht für „geteilt durch".

**3. Lies die folgenden Brüche und schreibe sie in Worten auf die Linien.**

a) $\frac{1}{5}$ ein Fünftel  b) $\frac{3}{7}$ drei Siebtel

c) $\frac{4}{8}$ vier Achtel  d) $\frac{9}{10}$ neun Zehntel

**4. Wie viele Teile vom Ganzen sind ausgemalt? Bestimme Zähler und Nenner.**

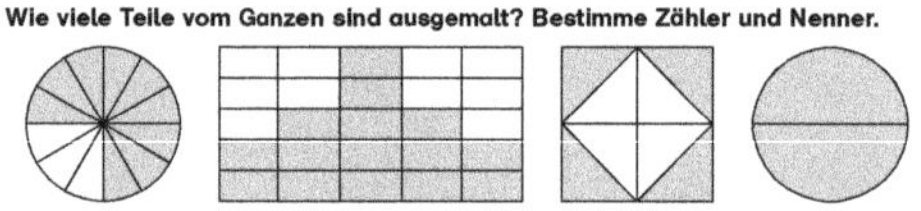

| Zähler: 9 | Zähler: 15 | Zähler: 4 | Zähler: 2 |
|---|---|---|---|
| Nenner: 12 | Nenner: 25 | Nenner: 8 | Nenner: 2 |



## ② Brüche auf den Nenner 100 erweitern und kürzen

**Merke:** Manche Brüche können so erweitert oder gekürzt werden, dass Hundertstel daraus werden.

Beispiel:

$\frac{4}{25} \overset{4}{=} \frac{16}{100}$ Die Erweiterungszahl ist **4**. Sie wird immer **über** das Gleichheitszeichen (=) geschrieben. Man soll gleich erkennen, mit welcher Zahl der jeweilige Bruch **erweitert** worden ist.

Beispiel:

$\frac{30}{300} \underset{3}{=} \frac{10}{100}$ Die Kürzungszahl ist **3**. Sie wird immer **unter** das Gleichheitszeichen (=) geschrieben. Man soll gleich erkennen, mit welcher Zahl der jeweilige Bruch **gekürzt** worden ist.

**1. Erweitere die Brüche auf den Nenner 100. Notiere die Erweiterungszahl.**

a) $\frac{1}{2} \overset{50}{=} \frac{50}{100}$ b) $\frac{3}{20} \overset{5}{=} \frac{15}{100}$ c) $\frac{10}{25} \overset{4}{=} \frac{40}{100}$ d) $\frac{9}{50} \overset{2}{=} \frac{18}{100}$

e) $\frac{2}{5} \overset{20}{=} \frac{40}{100}$ f) $\frac{8}{10} \overset{10}{=} \frac{80}{100}$ g) $\frac{3}{4} \overset{25}{=} \frac{75}{100}$ h) $\frac{2}{2} \overset{50}{=} \frac{100}{100}$

i) $\frac{11}{25} \overset{4}{=} \frac{44}{100}$ j) $\frac{20}{50} \overset{2}{=} \frac{40}{100}$ k) $\frac{6}{10} \overset{10}{=} \frac{60}{100}$ l) $\frac{15}{20} \overset{5}{=} \frac{75}{100}$

**2. Kürze die Brüche auf den Nenner 100. Notiere die Kürzungszahl.**

a) $\frac{12}{200} \underset{2}{=} \frac{6}{100}$ b) $\frac{20}{500} \underset{5}{=} \frac{4}{100}$ c) $\frac{70}{700} \underset{7}{=} \frac{10}{100}$ d) $\frac{8}{400} \underset{4}{=} \frac{2}{100}$

e) $\frac{36}{600} \underset{6}{=} \frac{6}{100}$ f) $\frac{88}{800} \underset{8}{=} \frac{11}{100}$ g) $\frac{95}{500} \underset{5}{=} \frac{19}{100}$ h) $\frac{48}{200} \underset{2}{=} \frac{24}{100}$

i) $\frac{54}{900} \underset{9}{=} \frac{6}{100}$ j) $\frac{88}{400} \underset{4}{=} \frac{22}{100}$ k) $\frac{69}{300} \underset{3}{=} \frac{23}{100}$ l) $\frac{10}{1\,000} \underset{10}{=} \frac{1}{100}$



## ③ Kürzen auf dem langen Bruchstrich

**Merke:** Schau dir die Zahlen auf dem langen Bruchstrich im Zähler und Nenner aufmerksam an. Kann eventuell vor dem Multiplizieren und Dividieren gekürzt werden? Dies hat den Vorteil, dass du bei vielen Aufgaben mit kleineren Zahlen weiterrechnen kannst.

Beispiele:

Hier kann untereinander gekürzt werden: Kürzungszahl: 25.

$\frac{32 \cdot 75}{100} = \frac{32 \cdot \cancel{75}^{3}}{\cancel{100}_{4}} = \frac{96}{4} = 24$

Auch hier kann untereinander gekürzt werden: Kürzungszahl: 20.
Dann wird erneut untereinander gekürzt: Kürzungszahl: 5.

$\frac{30 \cdot 60}{100} = \frac{30 \cdot \cancel{60}^{3}}{\cancel{100}_{5}} = \frac{30 \cdot 3}{5} = \frac{\cancel{30}^{6} \cdot 3}{\cancel{5}_{1}} = \frac{18}{1} = 18$

Du kannst auch wie folgt beim Kürzen vorgehen:
Streiche immer dieselbe Anzahl an Nullen im Zähler und Nenner.
Hier sind es jeweils 2 Nullen.

$\frac{100 \cdot 27}{600} = \frac{1\cancel{00} \cdot 27}{6\cancel{00}} = \frac{27}{6} = 4\frac{3}{6} = 4\frac{1}{2} = 4{,}5$

**1. Kürze auf dem langen Bruchstrich und gib das Ergebnis als ganze Zahl an.**

a) $\frac{7 \cdot 15}{5} = \frac{7 \cdot \cancel{15}^{3}}{\cancel{5}_{1}} = \frac{7 \cdot 3}{1} = 21$

b) $\frac{30 \cdot 40}{100} = \frac{30 \cdot \cancel{40}^{2}}{\cancel{100}_{5}} = \frac{\cancel{30}^{6} \cdot 2}{\cancel{5}_{1}} = 12$

c) $\frac{200 \cdot 13}{100} = \frac{2\cancel{00} \cdot 13}{1\cancel{00}} = 26$

d) $\frac{50 \cdot 60}{100} = \frac{5\cancel{0} \cdot 6\cancel{0}}{1\cancel{00}} = 30$

e) $\frac{250 \cdot 50}{100} = \frac{25\cancel{0} \cdot 5\cancel{0}}{1\cancel{00}} = 125$

f) $\frac{100 \cdot 4}{5} = \frac{\cancel{100}^{20} \cdot 4}{\cancel{5}_{1}} = 80$

g) $\frac{100 \cdot 12}{600} = \frac{1\cancel{00} \cdot 12}{6\cancel{00}} = \frac{12}{6} = 2$

h) $\frac{25 \cdot 100}{125} = \frac{\cancel{25}^{1} \cdot 100}{\cancel{125}_{5}} = \frac{100}{5} = 20$

i) $\frac{40 \cdot 70}{100} = \frac{\cancel{40}^{2} \cdot 70}{\cancel{100}_{5}} = \frac{140}{5} = 28$

j) $\frac{100 \cdot 15}{300} = \frac{1\cancel{00} \cdot 15}{3\cancel{00}} = \frac{15}{3} = 5$



## ④ Teile eines Ganzen: Bruchschreibweise

**Merke:** Teile eines Ganzen können als Bruch geschrieben werden.

Beispiel:
Von 12 Kindern einer Klasse haben 3 Kinder die Schwimmsachen vergessen.
Welcher Bruchteil der Klasse ist es?

Alle Kinder der Klasse sind $\frac{12}{12}$ (12 Kinder von 12 Kindern)
1 Kind der Klasse ist $\frac{1}{12}$ (1 Kind von 12 Kindern)
3 Kinder der Klasse sind $\frac{3}{12}$ (3 Kinder von 12 Kindern)

$\frac{3}{12} \underset{3}{=} \frac{1}{4}$ Ein Viertel der Klasse hat die Schwimmsachen vergessen.

**1. Von 30 befragten Jugendlichen geben 12 Jugendliche an, dass sie ein Haustier besitzen. Welcher Bruchteil der Befragten ist es?**

| Rechnung | $\frac{12}{30} \underset{6}{=} \frac{2}{5}$ |
|---|---|
| Antwort | Zwei Fünftel der Befragten haben ein Haustier. |

**2. Von 60 Äpfeln in einem Korb sind 15 Äpfel faul. Welcher Bruchteil aller Äpfel ist faul?**

| Rechnung | $\frac{15}{60} \underset{15}{=} \frac{1}{4}$ |
|---|---|
| Antwort | Ein Viertel aller Äpfel ist faul. |

**3. Mehmet hat 80 Euro gespart. 60 Euro gibt er für ein Computerspiel aus. Welchen Bruchteil der Ersparnisse hat Mehmet ausgegeben?**

| Rechnung | $\frac{60}{80} \underset{20}{=} \frac{3}{4}$ |
|---|---|
| Antwort | Mehmet hat drei Viertel der Ersparnisse ausgegeben. |

**4. Von 600 Profifußballern sind bereits 350 Spieler mindestens einmal mit einer Gelben Karte verwarnt worden. Welcher Bruchteil der Spieler ist noch nicht verwarnt worden?**

| Rechnung | $\frac{600}{600} - \frac{350}{600} = \frac{250}{600}$  $\frac{250}{600} \underset{50}{=} \frac{5}{12}$ |
|---|---|
| Antwort | Fünf Zwölftel der Spieler sind noch nicht verwarnt worden. |



 

# Lösungen

## 5 Anteile vergleichen: Vergleichsbrüche mit dem Nenner 100

In der folgenden Übersicht wird dargestellt, wie viele Kinder der 6. Jahrgangsstufe das Schwimmabzeichen Bronze haben.

| Klasse 6a | Klasse 6b | Klasse 6c | Klasse 6d | Klasse 6e |
|---|---|---|---|---|
| 20 Kinder | 25 Kinder | 20 Kinder | 25 Kinder | 20 Kinder |
| 17 Abzeichen | 16 Abzeichen | 13 Abzeichen | 12 Abzeichen | 11 Abzeichen |

Um festzustellen, in welcher Klasse anteilmäßig die meisten Kinder mit Abzeichen sind, werden zunächst alle Anteile auf den Vergleichsnenner 100 gebracht.

| Klasse | Anzahl Kinder | Anzahl Abzeichen | Anteil | Vergleichsnenner 100 | erweitert mit | Rang |
|---|---|---|---|---|---|---|
| 6a | 20 | 17 | $\frac{17}{20}$ | $\frac{17}{20} = \frac{85}{100}$ | 5 | 1 |
| 6b | 25 | 16 | $\frac{16}{25}$ | $\frac{16}{25} = \frac{64}{100}$ | 4 | 3 |
| 6c | 20 | 13 | $\frac{13}{20}$ | $\frac{13}{20} = \frac{65}{100}$ | 5 | 2 |
| 6d | 25 | 12 | $\frac{12}{25}$ | $\frac{12}{25} = \frac{48}{100}$ | 4 | 5 |
| 6e | 20 | 11 | $\frac{11}{20}$ | $\frac{11}{20} = \frac{55}{100}$ | 5 | 4 |

Nun werden die Zähler der Brüche miteinander verglichen. In Klasse 6a haben die Kinder anteilsmäßig die meisten Abzeichen, gefolgt von Klasse 6c, 6b, 6e und 6d.

**Merke:** Um verschiedene Anteile besser miteinander vergleichen zu können, sollte der Vergleichsnenner (Hauptnenner) 100 gebildet werden.

**1. Stelle fest, in welcher Klasse anteilsmäßig die meisten Kinder erkrankt sind. Fülle die Tabelle aus. Bei manchen Brüchen muss zunächst gekürzt und dann auf den Vergleichsnenner 100 erweitert werden.**

| Klasse | Anzahl aller Kinder | Anzahl der kranken Kinder | Anteil | Vergleichsnenner 100 | Rang |
|---|---|---|---|---|---|
| 5a | 20 | 8 | $\frac{8}{20}$ | $\frac{8}{20} \overset{5}{=} \frac{40}{100}$ | 2 |
| 5b | 10 | 5 | $\frac{5}{10}$ | $\frac{5}{10} \overset{10}{=} \frac{50}{100}$ | 1 |
| 5c | 24 | 6 | $\frac{6}{24} \underset{6}{=} \frac{1}{4}$ | $\frac{1}{4} \overset{25}{=} \frac{25}{100}$ | 3 |
| 7a | 15 | 3 | $\frac{3}{15} \underset{3}{=} \frac{1}{5}$ | $\frac{1}{5} \overset{20}{=} \frac{20}{100}$ | 4 |
| 7b | 25 | 4 | $\frac{4}{25}$ | $\frac{4}{25} \overset{4}{=} \frac{16}{100}$ | 5 |



## 6 Bruchteile von Anzahlen und Größen

Brüche können mit einer ganzen Zahl malgenommen werden.

Beispiel 1:
Die Klasse 7c hat 15 Jungen. Zwei Drittel gehören einem Verein an. Wie viele Jungen sind Vereinsmitglieder?

$\frac{2}{3}$ von 15 Jungen = $\frac{2}{3} \cdot 15$ Jungen = $\frac{2 \cdot 15}{3}$ Jungen = $\frac{2 \cdot \cancel{15}^{5}}{\cancel{3}_{1}}$ Jungen = **10 Jungen**

„von" heißt hier „mal" (·) Bruchstrich bedeutet „geteilt durch" (:)

**Merke:** Beim Multiplizieren eines Bruches mit einer ganzen Zahl nimmt man den Zähler mit der ganzen Zahl mal. Der Nenner bleibt gleich.

Beispiel 2:
Frau Meier kauft $\frac{3}{5}$ kg Hackfleisch. Wie viel g Hackfleisch hat sie gekauft?
Zuerst wird 1 kg in g (= nächstkleinere Einheit) umgewandelt: 1 kg = 1 000 g.

$\frac{3}{5}$ von 1 000 g = $\frac{3}{5} \cdot 1\,000$ g = $\frac{3 \cdot 1\,000}{5}$ g = $\frac{3 \cdot \cancel{1\,000}^{200}}{\cancel{5}_{1}}$ g = **600 g**

**1. Berechne die Bruchteile der Anzahlen und Größen.**

a) $\frac{2}{3}$ von 66 Nägeln b) $\frac{5}{6}$ von 90 Bällen c) $\frac{3}{4}$ von 36 Steinen

d) $\frac{6}{7}$ von 140 min e) $\frac{3}{8}$ von 88 h f) $\frac{7}{12}$ von 60 kg

Rechnungen: a) $\frac{2}{3} \cdot 66 = \frac{2 \cdot 66}{3} = \frac{2 \cdot \cancel{66}^{22}}{\cancel{3}_{1}} = 44$ Nägel b) $\frac{5}{6} \cdot 90 = \frac{5 \cdot 90}{6} = \frac{5 \cdot \cancel{90}^{15}}{\cancel{6}_{1}} = 75$ Bälle
c) $\frac{3}{4} \cdot 36 = \frac{3 \cdot 36}{4} = \frac{3 \cdot \cancel{36}^{9}}{\cancel{4}_{1}} = 27$ Steine d) $\frac{6}{7} \cdot 140 = \frac{6 \cdot 140}{7} = \frac{6 \cdot \cancel{140}^{20}}{\cancel{7}_{1}} = 120$ min
e) $\frac{3}{8} \cdot 88 = \frac{3 \cdot 88}{8} = \frac{3 \cdot \cancel{88}^{11}}{\cancel{8}_{1}} = 33$ h f) $\frac{7}{12} \cdot 60 = \frac{7 \cdot 60}{12} = \frac{7 \cdot \cancel{60}^{5}}{\cancel{12}_{1}} = 35$ kg

**2. Berechne die Bruchteile der Größen. Wandle zunächst um.**

a) $\frac{3}{15}$ von 1 h b) $\frac{6}{10}$ von 2 km c) $\frac{3}{4}$ von 4 t

d) $\frac{4}{5}$ m e) $\frac{1}{4}$ Jahr f) $\frac{4}{25}$ Euro

Rechnungen: a) $\frac{3}{15}$ von 60 min → $\frac{3}{15} \cdot 60 = \frac{3}{15} = \frac{3 \cdot \cancel{60}^{4}}{\cancel{15}_{1}} = 12$ min
b) $\frac{6}{10}$ von 2000 m → $\frac{6}{12} \cdot 2000 = \frac{6 \cdot 200\cancel{0}}{1\cancel{0}} = 1200$ m
c) $\frac{3}{4}$ von 4000 kg → $\frac{3}{4} \cdot 4000 = \frac{3 \cdot 4000}{4} = \frac{3 \cdot \cancel{4}000^{1}}{\cancel{4}_{1}} = 3000$ kg
d) $\frac{4}{5}$ von 100 cm → $\frac{4}{5} \cdot 100 = \frac{4 \cdot 100}{5} = \frac{4 \cdot \cancel{100}^{20}}{\cancel{5}_{1}} = 80$ m
e) $\frac{1}{4}$ von 12 Monaten → $\frac{1}{4} \cdot 12 = \frac{1 \cdot 12}{4} = \frac{1 \cdot \cancel{12}^{3}}{\cancel{4}_{1}} = 3$ Monate
f) $\frac{4}{25}$ von 100 Cent → $\frac{4}{25} \cdot 100 = \frac{4 \cdot 100}{25} = \frac{4 \cdot \cancel{100}^{4}}{\cancel{25}_{1}} = 16$ Cent



## 7 Dezimalzahlen 1

**Merke:** Brüche mit dem Nenner 10, 100, 1000, ... kann man auch in Kommaschreibweise notieren.

Zehnerbrüche (Dezimalbrüche): $\frac{1}{10}$; $\frac{8}{10}$; $\frac{9}{100}$; $\frac{31}{100}$; $\frac{12}{1000}$; $\frac{425}{1000}$; ...

Kommazahlen (Dezimalzahlen): 0,1; 0,8; 0,09; 0,31; 0,012; 0,425; ...

| H | Z | E | z | h | t |
|---|---|---|---|---|---|
| 100 | 10 | 1 | $\frac{1}{10}$ | $\frac{1}{100}$ | $\frac{1}{1000}$ |
| | 2 | 4 | 2 | 6 | 5 |

Die Stellenwerttafel wird nach rechts erweitert. Zwischen Einer und Zehntel wird das Komma gesetzt.

Lies:
„vierundzwanzig Komma zwei sechs fünf"

**1. Schreibe als Dezimalzahl. Trage in die Stellenwerttafel ein.**

a) 8 Tausendstel b) 4 Zehner, 3 Einer, 8 Hundertstel

c) 6 Hunderter, 4 Zehner, 5 Zehntel, 1 Tausendstel

d) 124 Tausendstel e) 9 Einer, 56 Hundertstel

| | H | Z | E | z | h | t |
|---|---|---|---|---|---|---|
| a) | | | 0 | 0 | 0 | 8 |
| b) | | 4 | 3 | 0 | 8 | 0 |
| c) | 6 | 4 | 0 | 5 | 0 | 1 |
| d) | | | 0 | 1 | 2 | 4 |
| e) | | | 9 | 5 | 6 | 0 |

**2. Gib jeweils als Dezimalzahl an. Schreibe auf die Linien.**
**Beachte: Wandle bei den Aufgaben d) bis f) die unechten Brüche zunächst in gemischte Zahlen um, da hier der Zähler größer ist als der Nenner.**
**Beispiel: $\frac{503}{100} = 5\frac{3}{100} = 5{,}03$**

a) $\frac{9}{1\,000}$ = 0,009 b) $\frac{7}{10}$ = 0,7 c) $5\frac{8}{100}$ = 5,08

d) $\frac{32}{10}$ = $3\frac{2}{10} = 3{,}2$ e) $\frac{203}{100}$ = $2\frac{3}{100} = 2{,}03$ f) $\frac{3\,007}{1\,000}$ = $3\frac{7}{1000} = 3{,}007$

**3. Ordne die Dezimalzahlen von klein nach groß.**

1,404 1,004 1,044 1,44 1,04

1,004; 1,04; 1,044; 1,404; 1,440



## 8 Dezimalzahlen 2

**Merke:** Eine Dezimalzahl wird mit 10, 100, 1 000 ... malgenommen, indem man das Komma um 1 Stelle, 2 Stellen, 3 Stellen ... nach rechts verschiebt. Für fehlende Ziffern werden Nullen notiert. Die Dezimalzahlen werden größer.

Beispiele:
a) 9,65 · 10 = 96,50 b) 1,235 · 100 = 123,5 c) 2,56 · 1 000 = 2 560,0 = 2 560

Eine Dezimalzahl wird durch 10, 100, 1 000 ... geteilt, indem man das Komma um 1 Stelle, 2 Stellen, 3 Stellen nach links verschiebt. Für fehlende Ziffern werden Nullen notiert. Die Dezimalzahlen werden kleiner.

Beispiele:
a) 8,45 : 10 = 0,845 b) 345,24 : 100 = 3,4524 c) 3,87 : 1 000 = 0,00387

**1. Multipliziere durch Verschieben des Kommas.**

a) 28,6 · 10 = 286 b) 0,0101 · 100 = 1,01 c) 0,005 · 1 000 = 5

d) 20,5 · 100 = 2050 e) 1,389 · 1 000 = 1389 f) 0,05 · 10 = 0,5

**2. Dividiere durch Verschieben des Kommas.**

a) 46,2 : 10 = 4,26 b) 457,3 : 100 = 4,573 c) 3,86 : 1 000 = 0,00386

d) 125,5 : 100 = 1,255 e) 0,007 : 1 000 = 0,000007 f) 0,1234 : 10 = 0,01234

(Schriftliches) Multiplizieren von Dezimalzahlen mit natürlichen Zahlen
**Merke:** Nimm beide Zahlen miteinander mal, ohne das Komma zu beachten. Streiche vom Ergebnis von hinten ausgehend so viele Stellen ab, wie die Dezimalzahl Stellen nach dem Komma hat.
Beispiel: 13,45 · 8 = 107,60

(Schriftliches) Dividieren von Dezimalzahlen durch natürliche Zahlen
**Merke:** Beim Überschreiten des Kommas in der Teilungszahl wird auch im Ergebnis ein Komma gesetzt.
Beispiel: 40,4 : 4 = 10,1

**3. Multipliziere und dividiere schriftlich auf einem extra Blatt. Schreibe die Ergebnisse auf die Linien.**

a) 0,4 · 9 = 3,6 b) 2,02 · 23 = 46,46 c) 24,08 · 130 = 3130,4

d) 4,25 : 5 = 0,85 e) 40,35 : 15 = 2,69 f) 355,5 : 150 = 2,37

## 9 Prozentangaben im Alltag

**Merke:** Das Zeichen % steht für „Prozent". Es begegnet uns im Alltag fast täglich in unterschiedlichen Situationen.

**1. Beschreibe die Bedeutung der sechs Abbildungen.**

a) 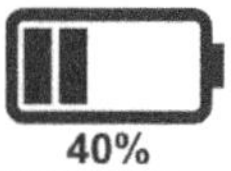

© karl/adobe.stock.com

b) 

© torbz/adobe.stock.com

c) 

© ap-net/adobe.stock.com

d) 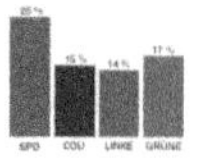

© Satzpunkt Ursula Ewert GmbH

e) 
© New Africa/adobe.stock.com

f) 

© Coloures-Pic/adobe.stock.com

a) Anzeige des Akkustands in Prozent

b) Sämtliche Ware wird zu einem um 70 Prozent reduzierten Preis angeboten.

c) Verkehrszeichen, das die Steigung einer Straße angibt: pro 100 m nimmt die Höhe um 7 m zu.

d) Darstellung der prozentualen Verteilung der Wählerstimmen

e) Prozentangabe der Materialzusammensetzung von Bekleidung

f) Kreditinstitut (Bank, Sparkasse) bietet Kredit an, für den keine Zinsen gezahlt werden müssen.

**2. Nenne mindestens drei weitere Beispiele, bei denen es um Prozente geht.**

Fruchtgehalt in Säften; Fettanteil in Lebensmitteln; Alkoholgehalt von Getränken



## 10 Prozentbegriff: Das Ganze und der 100. Teil

**Merke:** Das Wort Prozent (%) kommt aus dem Italienischen („per cento") und bedeutet „von Hundert". Anteile mit dem Nenner 100 nennt man Prozente.

Alina: „Ich bin mir hundertprozentig sicher, dass alle Matheaufgaben richtig sind."

Lehrer: „Gratuliere. Das Ganze ist zu 100 Prozent richtig."

→ Das Ganze (ALLES) ist immer 100 Prozent.

**1. Male die Kreise in den beiden Quadraten wie vorgegeben aus.**

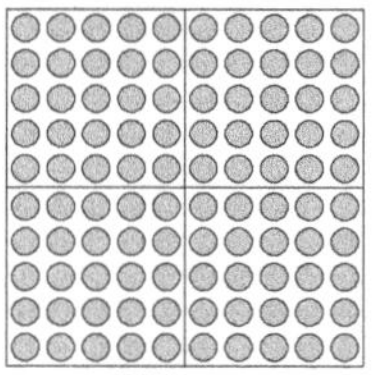
100 Prozent
100 %

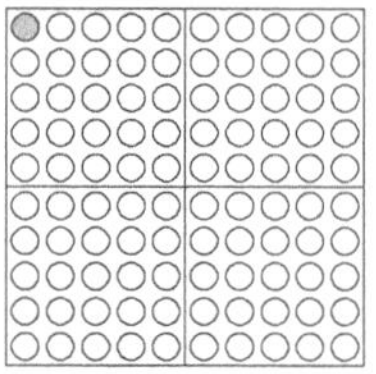
1 Prozent
1 %

**2. Im Folgenden siehst du zwei 100 mm lange Strecken.**

**a) Fahre 100 % der Strecke mit einem Farbstift nach.**

100 % entspricht (≙) 100 mm

**b) Fahre 1 % der Strecke mit einem Farbstift nach.**

1 % entspricht (≙) 1 mm

**3. Male 1 % der Rechteckfläche aus. Lege ein Lineal an und orientiere dich an den Markierungen.**



## 11 Brüche und Prozentzahlen

**Merke:** Der Anteil an einer Gesamtgröße lässt sich als Hundertstelbruch angeben. Ein Hundertstel einer Gesamtgröße wird Prozent genannt.

| Getränk | Fruchtanteil |
|---|---|
| Orangensaftkonzentrat | 100 Prozent |
| Limonade | 1 Prozent |

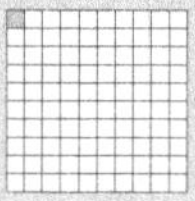

$\frac{1}{100}$ = 1 Prozent (%)

Beispiele:
a) $\frac{7}{100} = 7$ % b) $\frac{60}{100} = 60$ % c) $\frac{4}{50} \overset{2}{=} \frac{8}{100} = 8$ % d) $\frac{18}{300} \underset{3}{=} \frac{6}{100} = 6$ %

**1. Gib jeweils den Anteil der gefärbten Kreise in Hunderstelbrüchen und Prozent an.**

a) 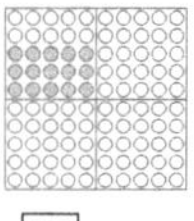
$\frac{15}{100}$ = 15 %

b) 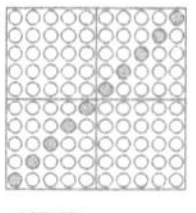
$\frac{10}{100}$ = 10 %

c) 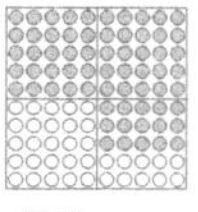
$\frac{65}{100}$ = 65 %

d) 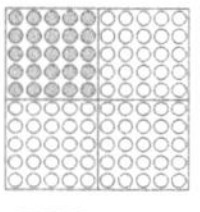
$\frac{25}{100}$ = 25 %

**2. Erweitere die Brüche auf den Nenner 100. Wandle im Anschluss in Prozent um. Notiere die Erweiterungszahl.**

a) $\frac{5}{10} \overset{10}{=} \frac{50}{100} = 50$ % b) $\frac{6}{20} \overset{5}{=} \frac{30}{100} = 30$ % c) $\frac{9}{25} \overset{4}{=} \frac{36}{100} = 36$ %

d) $\frac{3}{4} \overset{25}{=} \frac{75}{100} = 75$ % e) $\frac{18}{50} \overset{2}{=} \frac{36}{100} = 36$ % f) $\frac{4}{5} \overset{20}{=} \frac{80}{100} = 80$ %

**3. Kürze die Brüche auf den Nenner 100. Wandle anschließend in Prozent um. Notiere die Kürzungszahl.**

a) $\frac{16}{200} \underset{2}{=} \frac{8}{100} = 8$ % b) $\frac{30}{500} \underset{5}{=} \frac{6}{100} = 6$ % c) $\frac{70}{700} \underset{7}{=} \frac{10}{100} = 10$ %

d) $\frac{800}{800} \underset{8}{=} \frac{100}{100} = 100$ % e) $\frac{16}{400} \underset{4}{=} \frac{4}{100} = 4$ % f) $\frac{54}{600} \underset{6}{=} \frac{9}{100} = 9$ %



## 12 Die drei Grundaufgaben der Prozentrechnung

Es gibt drei Grundaufgaben der Prozentrechnung.

Beispiel:

Frau Ertas verdient 4 000 € im Monat. 20 % ihres Gehaltes zahlt sie für Miete. Das sind 800 €.

| Wert | Bezeichnung | Abkürzung | Bedeutung |
|---|---|---|---|
| 4 000 € | Grundwert | G | das Ganze (100 Prozent) |
| 800 € | Prozentwert | P | Teil vom Ganzen |
| 20 % | Prozentsatz | p% | Anteil in % (Verhältnis vom Prozentwert zum Grundwert) |

**Merke:** Bei jeder der drei Grundaufgaben sind immer zwei der drei Größen (G, p%, P) gegeben. Die dritte Größe muss berechnet werden.

**1. Bestimme jeweils G, P und p% aus dem Text. Orientiere dich am Beispiel oben.**

a) 30 % von 800 € sind 240 €.

| G = 800 € | P = 240 € | p% = 30 % |
|---|---|---|

b) Von 900 Gläsern sind 63 Gläser beschädigt. Das sind 7 %.

| G = 900 Gläser | P = 63 Gläser | p% = 7 % |
|---|---|---|

c) 19 % von 400 Neuwagen haben Mängel. 76 Neuwagen werden repariert.

| G = 400 Neuwagen | P = 76 Neuwagen | p% = 19 % |
|---|---|---|

**2. Welche beiden der drei Größen sind gegeben, welche muss berechnet werden? Notiere.**

a) Von 450 Kindern haben 180 Kinder mindestens ein Haustier.

| gegeben: G = 450 Kinder | gegeben: P = 180 Kinder | gesucht: p% = ? |
|---|---|---|

b) Von 20 Torten wurden 50 % verkauft.

| gegeben: G = 20 Torten | gegeben: p% = 50 % | gesucht: P = ? |
|---|---|---|

c) Robin gibt 3 % seiner Ersparnisse aus. Das sind 12 €.

| gegeben: p% = 3 % | gegeben: P = 12 € | gesucht: G = ? |
|---|---|---|

# Lösungen

## 13 Prozentwert berechnen 1

**Merke:** Der Prozentwert gibt den Wert des Prozentsatzes an. Er ist Teil des Ganzen. Der Prozentwert hat dieselbe Einheit wie der Grundwert.

Beispiel:
Mehmet hat 600 € gespart. 9 % seiner Ersparnisse gibt er für ein Brettspiel aus. Wie viel kostet das Spiel?

gegeben: G = 600 € p% = 9 %
gesucht: P = ?

| Rechnung mit dem Dreisatz: | | Du sprichst: | |
|---|---|---|---|
| :100 | 100 % ≙ 600 € | :100 | 100 % entsprechen 600 €. |
| | 1 % ≙ 600 € : 100 = 6 € | | 1 % davon ist der 100. Teil, also 6 €. |
| · 9 | 9 % ≙ 6 € · 9 = 54 € | · 9 | 9 % sind 9-mal so viel, also 54 €. |

Das Spiel kostet 54 €.

**1. Frau Meißner hat 1 200 € im Lotto gewonnen. Sie schenkt ihrer Tochter 40 % des Gewinns. Wie viel Euro sind das?**

**Fülle die Lücken.**

G = 1200 € p% = 40 % P = ?

100 % ≙ 1200 €

1 % ≙ 1200 € : 100 = 12 €

40 % ≙ 12 € · 40 = 480 €

Antwort: Frau Meißner schenkt ihrer Tochter 480 €.

**2. Berechne die Prozentwerte. Trage die Ergebnisse in die Tabelle ein.**

| | G (100 %) | 1 % | 3 % | 12 % | 15 % |
|---|---|---|---|---|---|
| a) | 500 | 5 € | 15 € | 60 € | 75 € |
| b) | 1 000 | 10 € | 30 € | 120 € | 150 € |
| c) | 1 550 | 15,50 € | 46,50 € | 186 € | 232,50 € |

Rechnungen:

a) 100 % ≙ 500 €
1 % ≙ 500 € : 100 = 5 €
3 % ≙ 5 € · 3 = 15 €
12 % ≙ 5 € · 12 = 60 €
15 % ≙ 5 € · 15 = 75 €

b) 100 % ≙ 1000 €
1 % ≙ 1000 € : 100 = 10 €
3 % ≙ 10 € · 3 = 30 €
12 % ≙ 10 € · 12 = 120 €
15 % ≙ 10 € · 15 = 150 €

c) 100 % ≙ 1550 €
1 % ≙ 1550 € : 100 = 15,50 €
3 % ≙ 15,50 € · 3 = 46,50 €
12 % ≙ 15,50 € · 12 = 186 €
15 % ≙ 15,50 € · 15 = 232,50 €



## 14 Prozentwert berechnen 2

**Merke:** 50 %, 25 %, 20 % und 10 % können mit dem Zweisatz-Verfahren auf die schnelle Weise berechnet werden.

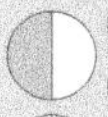
50 % sind die Hälfte des Ganzen. Es wird durch 2 geteilt.
100 % ≙ 100 €
50 % ≙ 100 € : 2 = 50 €

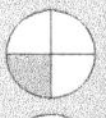
25 % sind ein Viertel des Ganzen. Es wird durch 4 geteilt.
100 % ≙ 100 €
25 % ≙ 100 € : 4 = 25 €

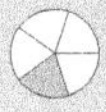
20 % sind ein Fünftel des Ganzen. Es wird durch 5 geteilt.
100 % ≙ 100 €
20 % ≙ 100 € : 5 = 20 €

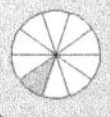
10 % sind ein Zehntel des Ganzen. Es wird durch 10 geteilt.
100 % ≙ 100 €
10 % ≙ 100 € : 10 = 10 €

**1. Berechne die Prozentwerte auf die schnelle Weise. Schreibe die Rechnungen an die Pfeile.**

a) G = 800 Dollar p% = 10 %

| | Prozent | Dollar | |
|---|---|---|---|
| : 10 | 100 | 800 | : 10 |
| | 10 | 80 | |

b) G = 15 000 Yen p% = 20 %

| | Prozent | Yen | |
|---|---|---|---|
| : 5 | 100 | 15 000 | : 5 |
| | 20 | 3000 | |

c) G = 4 888 Peso p% = 25 %

| | Prozent | Peso | |
|---|---|---|---|
| : 4 | 100 | 4 888 | : 4 |
| | 25 | 1222 | |

d) G = 788 Franken p% = 10 %

| | Prozent | Franken | |
|---|---|---|---|
| : 10 | 100 | 788 | |
| | 10 | 78,80 | : 10 |

**2. Überlege, wie sich 5 %, 4 % und 2 % auf die schnelle Weise berechnen lassen. Fülle die Lücken aus.**

5 % sind der 20. Teil des Ganzen. Es wird durch 20 geteilt.

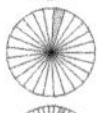
4 % sind der 25. Teil des Ganzen. Es wird durch 25 geteilt.

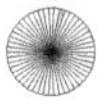
2 % sind der 50. Teil des Ganzen. Es wird durch 50 geteilt.



## 15 Prozentwert berechnen 3

**1. Ein Arzt untersuchte im letzten Monat 220 Kinder. Bei 20 % der Kinder stellte er Erkältungssymptome fest.**

| | |
|---|---|
| Frage | Wie viele Kinder hatten Erkältungssymptome? |
| Rechnung | 100 % ≙ 220; 20 % ≙ 220 : 5 = 44 |
| Antwort | 44 Kinder hatten Erkältungssymptome. |

**2. Einer Gärtnerei wurden 1 200 Pflanzen geliefert. 5 % der Pflanzen waren vertrocknet und konnten nicht verkauft werden.**

| | |
|---|---|
| Frage | Wie viele Pflanzen konnten nicht verkauft werden? |
| Rechnung | 100 % ≙ 1200; 1 % ≙ 1200 : 100 = 12; 5 % ≙ 12 · 5 = 60 |
| Antwort | 60 Pflanzen konten nicht verkauft werden. |

**3. Von 2 250 überprüften Autofahrern waren laut Polizei 4 % nicht angeschnallt.**

| | |
|---|---|
| Frage | Wie viele Autofahrer waren nicht angeschnallt? |
| Rechnung | 100 % ≙ 2250; 1 % ≙ 2250 : 100 = 22,5; 4 % ≙ 22,5 · 4 = 90 |
| Antwort | 90 Autofahrer waren nicht angeschnallt. |

**4. Frau Hamadi hat einen Monatsverdienst von 3 200 €. Davon spart sie jeden Monat 15 %.**

| | |
|---|---|
| Frage | Wie viele Geld spart Frau Hamadi jeden Monat? |
| Rechnung | 100 % ≙ 3200; 1 % ≙ 3200 : 100 = 32; 15 % ≙ 32 · 15 = 480 |
| Antwort | Frau Hamadi spart jeden Monat 480 €. |

**5. Bei einem Gesangswettbewerb erhält Kandidatin Kim 8 % der 550 000 abgegebenen Zuschauerstimmen.**

| | |
|---|---|
| Frage | Wie viele Stimmen erhält Kandidatin Kim? |
| Rechnung | 100 % ≙ 550000; 1 % ≙ 550000 : 100 = 5500; 8 % ≙ 5500 · 8 = 44000 |
| Antwort | Kandidatin Kim erhält 44 000 Stimmen. |



## 16 Prozentsatz berechnen 1

**Merke:** Der Prozentsatz gibt die Anzahl der hundertstel Teile des Grundwertes an. Er besteht immer aus der Prozentzahl und dem dazugehörigen Prozentzeichen (%).

Die Berechnung von Prozentsätzen bietet die Möglichkeit, bestimmte Sachverhalte miteinander vergleichen zu können.

Beispiel:
Von 25 befragten Mädchen geben 15 Mädchen an, dass sie keine Lieblingsfarbe haben. Wie viel Prozent (%) aller Mädchen haben keine Lieblingsfarbe?

gegeben: G = 25 Mädchen
P = 15 Mädchen
gesucht: p% = ?

| Rechnung mit dem Dreisatz: | | Du sprichst: | |
|---|---|---|---|
| : 25 | 25 Mädchen ≙ 100 % | : 25 | 25 Mädchen entsprechen 100 % |
| · 15 | 1 Mädchen ≙ 100 % : 25 = 4 % | · 15 | 1 Mädchen ist der 25. Teil, also 4 %. |
| | 15 Mädchen ≙ 4 % · 15 = 60 % | | 15 Mädchen sind 15-mal so viel, also 60 %. |

60 % aller Mädchen haben keine Lieblingsfarbe.

**1. Berechne den Prozentsatz. Schreibe die Rechnungen an die Pfeile.**

a) G = 200 € P = 80 €

| | € | Prozent | |
|---|---|---|---|
| : 200 | 200 | 100 | : 200 |
| · 80 | 1 | 100 : 200 = 0,5 | · 80 |
| | 80 | 0,5 · 80 = 40 | |

b) G = 160 km P = 4 km

| | km | Prozent | |
|---|---|---|---|
| : 160 | 160 | 100 | : 160 |
| · 4 | 1 | 100 : 160 = 0,625 | · 4 |
| | 4 | 0,625 · 4 = 2,5 | |

c) G = 40 min P = 39 min

| | min | Prozent | |
|---|---|---|---|
| : 40 | 40 | 100 | : 40 |
| · 39 | 1 | 100 : 40 = 2,5 | · 39 |
| | 39 | 2,5 · 39 = 97,5 | |

d) G = 1 250 ha P = 150 ha

| | ha | Prozent | |
|---|---|---|---|
| : 1250 | 1250 | 100 | : 1250 |
| · 150 | 1 | 100 : 1250 = 0,08 | · 0,08 |
| | 150 | 0,08 · 150 = 12 | |

Rechnungen:

# Lösungen

## 17 Prozentsatz berechnen 2

**1. Berechne, wie viel Prozent der jeweiligen Fläche bebaut ist. Notiere das Ergebnis und färbe im Gitter das Feld.**

| | a) | b) | c) | d) | e) |
|---|---|---|---|---|---|
| Gesamtfläche | 10000 $m^2$ | 2500 $m^2$ | 5000 $m^2$ | 125 $m^2$ | 200 $m^2$ |
| bebaute Fläche | 5000 $m^2$ | 1000 $m^2$ | 2050 $m^2$ | 95 $m^2$ | 30 $m^2$ |
| Prozentsatz | 50 % | 40 % | 41 % | 76 % | 15 % |

Rechnungen: a) 5000 $m^2$ ≙ Hälfte von 10000 $m^2$ ≙ 50 %

b) 2500 $m^2$ ≙ 100 %
1 $m^2$ ≙ 100 % : 2500 = 0,04 %
1000 $m^2$ ≙ 0,04 % · 1000 = 40%

c) 5000 $m^2$ ≙ 100 %
1 $m^2$ ≙ 100 % : 5000 = 0,02 %
2050 $m^2$ ≙ 0,02 % · 2050 = 41 %

d) 125 $m^2$ ≙ 100 %
1 $m^2$ ≙ 100 % : 125 = 0,8 %
95 $m^2$ ≙ 0,8 % · 95 = 76%

e) 200 $m^2$ ≙ 100 %
1 $m^2$ ≙ 100 % : 200 = 0,5 %
30 $m^2$ ≙ 0,5 % · 30 = 15 %

| | | | | |
|---|---|---|---|---|
| 90 % | **40 %** | **15 %** | **41 %** | 12 % |
| 77 % | 2 % | **50 %** | 66 % | 7 % |
| 3 % | 5 % | **76 %** | 33 % | 75 % |
| 80 % | 79 % | 10 % | 42 % | 25 % |

**Merke:** Häufig geht die Division nicht auf. Dann erhält man eine unendliche Dezimalzahl.

Beispiel:
gegeben: G = 240 €  P = 156 €  gesucht: p% = ?
240 € ≙ 100 %
1 € ≙ 100 % : 240 = 0,4166666 ... %
Gehe wie folgt vor.
1 € ≙ $\frac{100}{240}$ %  Der Bruchstrich bedeutet „geteilt durch" (:).
156 € ≙ $\frac{100 \cdot 156}{240}$ % = $\frac{\not{100}^{10} \cdot 156}{\not{240}_{24}}$ % = 10 · 156 : 24 = 1 560 : 24 = **65 %**

**2. Gib den Prozentsatz an. Gehe wie im Beispiel vor. Trage das Ergebnis in die Tabelle ein.**

| | a) | b) | c) | d) |
|---|---|---|---|---|
| Grundwert | 960 € | 2450 € | 720 € | 820 € |
| Prozentwert | 432 € | 1078 € | 36 € | 369 € |
| Prozentsatz | 45 % | 44 % | 5 % | 45 % |

Rechnungen: a) 960 € ≙ 100 %
1 € ≙ $\frac{100}{960}$ %; 432 € ≙ $\frac{100 \cdot 432}{960}$ % = $\frac{10\not{0} \cdot 432}{96\not{0}}$ % =
10 · 432 : 96 = 4320 : 96 = 45 %

b) 2450 € ≙ 100 %
1 € ≙ $\frac{100}{2450}$ %; 1078 € ≙ $\frac{100 \cdot 1078}{2450}$ % = $\frac{10\not{0} \cdot 1078}{245\not{0}}$ % =
10 · 1078 : 245 = 10780 : 245 = 44 %

c) 720 € ≙ 100 %
1 € ≙ $\frac{100}{720}$ %; 36 € ≙ $\frac{100 \cdot 36}{720}$ % = $\frac{10\not{0} \cdot 36}{72\not{0}}$ % =
10 · 36 : 72 = 360 : 72 = 5 %

d) 820 € ≙ 100 %
1 € ≙ $\frac{100}{820}$ %; 1078 € ≙ $\frac{100 \cdot 369}{820}$ % = $\frac{10\not{0} \cdot 369}{82\not{0}}$ % =
10 · 369 : 82 = 3690 : 82 = 45 %



## 18 Prozentsatz berechnen 3

**1. An der Hauptschulprüfung nahmen 80 Schülerinnen und Schüler teil. 24 von ihnen erreichten die volle Punktzahl.**

| | |
|---|---|
| Frage | Wie viel Prozent der Schülerinnen und Schüler erreicht die volle Punktzahl? |
| Rechnung | 80 ≙ 100 %; 1 ≙ 100 % : 80 = 1,25 %; 24 ≙ 1,25 % · 24 = 30 % |
| Antwort | 30 % der Schülerinnen und Schüler erreicht die volle Punktzahl. |

**2. Ein Sportverein hat 500 aktive Mitglieder. Rund 120 Personen spielen Fußball.**

| | |
|---|---|
| Frage | Wie viel Prozent der aktiven Mitglieder spielen Fußball? |
| Rechnung | 500 ≙ 100 %; 1 ≙ 100 % : 500 = 0,2 %; 120 ≙ 1,2 % · 120 = 24 % |
| Antwort | 24 % der Aktiven spielen Fußball. |

**3. Von den 125 Lehrkräften eines Schulzentrums infizierten sich 45 Lehrkräfte mit dem Grippevirus.**

| | |
|---|---|
| Frage | Wie viel Prozent der Lehrkräfte infizierten sich mit dem Grippevirus? |
| Rechnung | 125 ≙ 100 %; 1 ≙ 100 % : 125 = 0,8 %; 45 ≙ 0,8 % · 45 = 36 % |
| Antwort | 36 % der Lehrkräfte infizierten sich mit dem Grippevirus. |

**4. Auf einer Kirmes wurden 5000 Lose verkauft. Davon waren 3200 Nieten.**

| | |
|---|---|
| Frage | Wie viel Prozent der Lose waren Nieten? |
| Rechnung | 5000 ≙ 100 %; 1 ≙ 100 % : 5000 = 0,02 %; 3200 ≙ 0,02 % · 3200 = 64 % |
| Antwort | 64 % der Lose waren Nieten. |

**5. Bei der Polizei wurden im letzten Monat 40 Anzeigen wegen Diebstahls gestellt. 28 Diebstähle konnten aufgeklärt werden.**

| | |
|---|---|
| Frage | Wie viel Prozent der Diebstähle konnten aufgeklärt werden? |
| Rechnung | 40 ≙ 100 %; 1 ≙ 100 % : 40 = 2,5 %; 28 ≙ 2,5 % · 28 = 70 % |
| Antwort | 70 % Prozent der Diebstähle konnten aufgeklärt werden. |



## 19 Grundwert berechnen 1

**Merke:** Der Grundwert gibt den Wert des Ganzen an. Er ist immer 100 %.

Beispiel:
Herr Macron gibt 285 € für die Weihnachtsgeschenke seiner Familie aus. Das sind 15 % seines Monatslohnes. Wie viel verdient Herr Macron pro Monat?

gegeben: P = 285 €  p% = 15 %
gesucht: G = ?

Rechnung mit dem Dreisatz:
: 15  15 % ≙ 285 €
· 100  1 % ≙ 285 € : 15 = 19 €
100 % ≙ 19 € · 100 = 1 900 €

Du sprichst:
: 15  15 % entsprechen 285 €.
· 100  1 % davon ist der 15. Teil, also 19 €.
100 % sind 100-mal so viel, also 1 900 €.

Herr Macron verdient 1 900 € pro Monat.

**1. Berechne den Grundwert. Schreibe die Rechnungen an die Pfeile.**

a) P = 88 g  p% = 4 %

| | Prozent | g | |
|---|---|---|---|
| :4 | 4 | 88 | :4 |
| · 100 | 1 | 88 : 4 = 22 | · 100 |
| | 100 | 22 · 100 = 2200 | |

b) P = 360 m  p% = 60 %

| | Prozent | m | |
|---|---|---|---|
| :60 | 60 | 360 | :60 |
| · 100 | 1 | 360 : 60 = 6 | · 100 |
| | 100 | 6 · 100 = 600 | |

c) P = 124 Tische  p% = 31 %

| | Prozent | Tische | |
|---|---|---|---|
| :31 | 31 | 124 | :31 |
| · 100 | 1 | 124 : 31 = 4 | · 100 |
| | 100 | 4 · 100 = 400 | |

d) P = 484 Stifte  p% = 16 %

| | Prozent | Stifte | |
|---|---|---|---|
| :16 | 16 | 484 | :16 |
| · 100 | 1 | 484 : 16 = 30,25 | · 100 |
| | 100 | 30,25 · 100 = 3025 | |

Rechnungen:



## 20 Grundwert berechnen 2

**1. Berechne. Verbinde die Aufgabe mit dem jeweils richtigen Ergebnis. Trage die Buchstaben in die Lösungszeile ein.**

| | Aufgabe |
|---|---|
| a) | 7 % ≙ 42 t |
| b) | 23 % ≙ 943 t |
| c) | 3 % ≙ 909 t |
| d) | 46 % ≙ 9522 t |
| e) | 9 % ≙ 81 t |
| f) | 12 % ≙ 192 t |
| g) | 5 % ≙ 1 235 t |
| h) | 25 % ≙ 1 250 t |

| Ergebnis | Buchstabe |
|---|---|
| 30 300 t | A |
| 20 700 t | N |
| 1 600 t | I |
| 900 t | D |
| 5 000 t | S |
| 4 100 t | R |
| 24 700 t | O |
| 600 t | G |

| | Lösungswort: |
|---|---|
| a) | G |
| b) | R |
| c) | A |
| d) | N |
| e) | D |
| f) | I |
| g) | O |
| h) | S |

Rechnungen: a) 7 % ≙ 42 t; 1 % ≙ 42 t : 7 = 6 t; 100 % ≙ 6 t · 100 = 600 t
b) 23 % ≙ 943 t; 1 % ≙ 943 t : 23 = 41 t; 100 % ≙ 41 t · 100 = 4 100 t
c) 3 % ≙ 909 t; 1 % ≙ 909 t : 3 = 303 t; 100 % ≙ 303 t · 100 = 30 300 t
d) 46 % ≙ 9 522 t; 1 % ≙ 9522 t : 46 = 207 t; 100 % ≙ 207 t · 100 = 20700 t
e) 9 % ≙ 81 t; 1 % ≙ 81 t : 9 = 9 t; 100 % ≙ 9 t · 100 = 900 t
f) 12 % ≙ 192 t; 1 % ≙ 192 t : 12 = 16 t; 100 % ≙ 16 t · 100 = 1600 t
g) 5 % ≙ 1235 t; 1 % ≙ 1235 t : 5 = 247 t; 100 % ≙ 247 t · 100 = 24700 t
oder 5 % ≙ 1235 t; 100 % ≙ 1235 · 20 = 24700 t
h) 25 % ≙ 1250 t; 1 % ≙ 1250 t : 25 = 50 t; 100 % ≙ 50 t · 100 = 5000 t
oder 25 % ≙ 1250 t; 100 % ≙ 1250 · 4 = 5 000 t

**2. Bei einigen Grundwertberechnungen haben sich Fehler eingeschlichen. Prüfe folgende Aufgaben, streiche fehlerhafte Ergebnisse durch und korrigiere.**

a) 25 % ≙ 420 Schrauben
100 % ≙ 1 680 Schrauben

b) 12 % ≙ 225 Nadeln
100 % ≙ 1 875 Nadeln

c) 7 % ≙ 112 Würfel
100 % ≙ 1 600 Würfel

d) 60 % ≙ 180 Lose
100 % ≙ 300 Lose

e) 50 % ≙ 8,5 Tonnen
100 % ≙ 17 Tonnen

f) 1 % ≙ 3,67 Gramm
100 % ≙ 367 Gramm

Rechnungen:
a) 25 % ≙ 420 Schrauben
100 % ≙ 420 Schrauben · 4 = 1680 Schrauben

b) 12 % ≙ 225 Nadeln
1 % ≙ 225 Nadeln : 12 = 18,75 Nadeln
100 % ≙ 18,75 Nadeln · 100 = 1 875 Nadeln

c) 7 % ≙ 112 Würfel
1 % ≙ 112 Würfel : 7 = 16 Würfel
100 % ≙ 16 Würfel · 100 = 1600 Würfel

d) 60 % ≙ 180 Lose
1 % ≙ 180 Lose : 60 = 3 Lose
100 % ≙ 3 Lose · 100 = 300 Lose

e) 50 % ≙ 8,5 Tonnen
100 % ≙ 8,5 Tonnen · 2 = 17 Tonnen

f) 1 % ≙ 3,67 Gramm
100 % ≙ 3,67 Gramm · 100 = 367 Gramm

# Lösungen

## 21 Grundwert berechnen 3

**1. Am Jahresende werden Frau Hartwig von ihrer Kfz-Versicherung für unfallfreies Fahren 108 € zurückerstattet. Das sind 12 % des Jahresbeitrages.**

| | |
|---|---|
| Frage | Wie viel Euro zahlt Frau Hartwig jährlich für ihre Kfz-Versicherung? |
| Rechnung | 12 % ≙ 108 €; 1 % ≙ 108 € : 12 = 9 €; 100 % ≙ 9 € · 100 = 900 € |
| Antwort | Frau Hartwig zahlt 900 € jährlich für ihre Kfz-Versicherung. |

**2. Herr Kasulke spendet regelmäßig 8 % seines Monatsgehalts. Die Empfangenden freuen sich über 280 €.**

| | |
|---|---|
| Frage | Wie viel Euro verdient Herr Kasulke pro Monat? |
| Rechnung | 8 % ≙ 280 €; 1 % ≙ 280 € : 8 = 35 €; 100 % ≙ 35 € · 100 = 3500 € |
| Antwort | Herr Kasulke verdient pro Monat 3500 €. |

**3. Nele hat in der Mathearbeit 18 Punkte erreicht. Das sind 60 % der Gesamtpunktzahl.**

| | |
|---|---|
| Frage | Wie viele Punkte konnten insgesamt erreicht werden? |
| Rechnung | 60 % ≙ 18 Punkte; 1 % ≙ 18 Punkte : 60 = 0,3 Punkte; 100 % ≙ 0,3 Punkte · 100 = 30 Punkte |
| Antwort | Ingesamt konnten 30 Punkte erreicht werden. |

**4. 18 % des Urlaubspreises müssen für Fahrtkosten aufgewendet werden. Das sind 270 €.**

| | |
|---|---|
| Frage | Wie viel Euro kostet der gesamte Urlaub? |
| Rechnung | 18 % ≙ 270 €; 1 % ≙ 270 € : 18 = 15 €; 100 % ≙ 15 € · 100 = 1500 € |
| Antwort | Der gesamte Urlaub kostet 1500 Euro. |

**5. 180 € zahlt Pavel für eine gebrauchte Spielekonsole, 40 % des Neupreises.**

| | |
|---|---|
| Frage | Wie viel Euro kostet eine neue Spielkonsole? |
| Rechnung | 40 % ≙ 180 €; 1 % ≙ 180 € : 40 = 4,50 €; 100 % ≙ 4,50 € · 100 = 450 € |
| Antwort | Eine neue Spielkonsole kostet 450 Euro. |



## 22 Vermehrten Grundwert berechnen

**Merke:** Es kommt häufig vor, dass der Grundwert prozentual erhöht wird. Preiserhöhungen sind ein gutes Beispiel. Diese werden zu dem jeweiligen Grundwert addiert, sodass man einen vermehrten Grundwert erhält.

Beispiel 1: Der Preis für ein Notebook hat sich um 12 % erhöht. Vor der Preiserhöhung wurde das Notebook für 500 € angeboten.
Wie viel kostet es jetzt?

Rechnung:
100 % + 12 % = 112 %
100 % ≙ 500 €
1 % ≙ 500 € : 100 = 5 €
112 % ≙ 5 € · 112 = 560 €
Antwort: Das Notebook kostet jetzt 560 €.

Beispiel 2: Der Preis für ein Notebook hat sich um 12 % auf 560 € erhöht.
Wie viel kostete es vor der Preiserhöhung?

Rechnung:
100 % + 12 % = 112 %
112 % ≙ 560 €
1 % ≙ 560 € : 112 = 5 €
100 % ≙ 5 € · 100 = 500 €
Antwort: Vor der Preiserhöhung kostete das Notebook 500 €.

**1. Die Partei-Mitgliederzahlen der Stadtverbände haben sich 2023 im Vergleich zum Vorjahr verändert. Trage die neuen Mitgliederzahlen in die Tabelle ein.**

| Partei | Anzahl Mitglieder 2022 | Anzahl Mitglieder 2023 | Veränderungen in % |
|---|---|---|---|
| CDU | 460 | 483 | + 5 % |
| SPD | 325 | 377 | + 16 % |
| Bündnis 90 / Die Grünen | 220 | 264 | + 20 % |
| Freie Wähler | 75 | 84 | + 12 % |

Rechnungen: CDU: 100 % ≙ 460; 1 % ≙ 460 : 100 = 4,6; 105 % ≙ 4,6 · 105 = 483
SPD: 100 % ≙ 325; 1 % ≙ 325 : 100 = 3,25; 116 % ≙ 3,25 · 116 = 377
Bündnis 90 / Die Grünen: 100 % ≙ 220; 1 % ≙ 220 : 100 = 2,2; 120 % ≙ 2,2 · 120 = 264
Freie Wähler: 100 % ≙ 75; 1 % ≙ 75 : 100 = 0,75; 112 % ≙ 0,75 · 112 = 84

**2. Berechne den alten Preis. Trage die Ergebnisse in die Tabelle ein.**

| | a) | b) | c) | d) |
|---|---|---|---|---|
| neuer Preis | 380 € | 550 € | 196 € | 65 € |
| Erhöhung | 25 % | 10 % | 75 % | 30 % |
| alter Preis | 304 € | 500 € | 112 € | 50 € |

Rechnungen: a) 125 % ≙ 380 €; 1 % ≙ 380 € : 125 = 3,04 €; 100 % ≙ 3,04 € · 100 = 304 €
b) 110 % ≙ 550 €; 1 % ≙ 550 € : 110 = 5 €; 100 % ≙ 5 € · 100 = 500 €
c) 175 % ≙ 196 €; 1 % ≙ 196 € : 175 = 1,12 €; 100 % ≙ 1,12 € · 100 = 112 €
d) 130 % ≙ 65 €; 1 % ≙ 65 € : 130 = 0,50 €; 100 % ≙ 0,50 € · 100 = 50 €



## 23 Verminderten Grundwert berechnen

**Merke:** Wird ein Grundwert verringert, reduziert oder verkleinert, spricht man vom verminderten Grundwert. Preissenkungen sind ein gutes Beispiel. Diese werden von dem jeweiligen Grundwert subtrahiert, sodass man einen verminderten Grundwert erhält.

Beispiel 1: Ein Smartphone wurde bisher für 325 € angeboten. Da das Nachfolgemodell erschienen ist, gewährt der Hersteller einen Preisnachlass von 20 %.
Wie viel kostet es jetzt?

Rechnung:
100 % − 20 % = 80 %
100 % ≙ 325 €
1 % ≙ 325 € : 100 = 3,25 €
80 % ≙ 3,25 € · 80 = 260 €
Antwort: Das Smartphone kostet jetzt 260 €.

Beispiel 2: Der Hersteller wirbt aufgrund eines Modellwechsels mit einem Preisnachlass von 20 % für ein Smartphone. Dieses wird jetzt für 260 € angeboten.
Wie viel kostete es vorher?

Rechnung:
100 % − 20 % = 80 %
80 % ≙ 260 €
1 % ≙ 260 € : 80 = 3,25 €
100 % ≙ 3,25 € · 100 = 325 €
Antwort: Vor der Preissenkung kostete das Smartphone 325 €.

**1. In den letzten Jahren ist die Anzahl der Lernenden im Schulzentrum der Stadt Hamm erheblich gesunken. Vervollständige die Tabelle.**

| Jahr | Anzahl Lernende | Veränderungen zum Vorjahr in % |
|---|---|---|
| 2019 | 1600 | --- |
| 2020 | 1440 | − 10 % |
| 2021 | 1368 | − 5 % |
| 2022 | 1026 | − 25 % |
| 2023 | 513 | − 50 % |

Rechnungen: 2019 → 2020: 100 % ≙ 1600; 1 % ≙ 1600 : 100 = 16; 90 % ≙ 16 · 90 = 1440
2020 → 2021: 100 % ≙ 1440; 1 % ≙ 1440 : 100 = 14,4; 95 % ≙ 14,4 · 95 = 1368
2021 → 2022: 100 % ≙ 1368; 1 % ≙ 1368 : 100 = 13,68; 75 % ≙ 13,68 · 75 = 1026
2022 → 2023: 100 % ≙ 1026; 1 % ≙ 1026 : 100 = 10,26; 50 % ≙ 1026 : 2 = 513

**2. Berechne den alten Preis. Trage die Ergebnisse in die Tabelle ein.**

| | a) | b) | c) | d) |
|---|---|---|---|---|
| neuer Preis | 1200 € | 4500 € | 6500 € | 72 € |
| Preisnachlass | 25 % | 28 % | 35 % | 60 % |
| alter Preis | 1600 € | 6250 € | 10000 € | 180 € |

Rechnungen: a) 75 % ≙ 1200; 1 % ≙ 1200 : 75 = 16 €; 100 % ≙ 16 € · 100 = 1600 €
b) 72 % ≙ 4500; 1 % ≙ 4500 : 72 = 62,50; 100 % ≙ 62,50 · 100 = 6250
c) 65 % ≙ 6500; 1 % ≙ 6500 : 65 = 100 €; 100 % ≙ 100 € · 100 = 10000 €
d) 40 % ≙ 72 €; 1 % ≙ 72 € : 40 = 1,80 €; 100 % ≙ 1,80 · 100 = 180 €



## 24 Vermischte Übungen zu den drei Grundaufgaben 1

**1. Berechne und notiere die Prozentsätze.**

Anteil der Würfel mit der Augenzahl 1: 28 % %
Anteil der Würfel mit der Augenzahl 3: 20 % %
Anteil der Würfel mit der Augenzahl 6: 52 % %

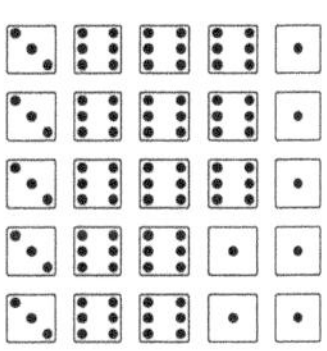

Rechnungen:
Augenzahl 1: $\frac{7}{25} \triangleq \frac{28}{100}$ = 28 %
Augenzahl 3: $\frac{5}{25} \triangleq \frac{20}{100}$ = 20 %
Augenzahl 6: $\frac{13}{25} \triangleq \frac{52}{100}$ = 52 %

**2. Folgende Aufgaben können schnell mit dem Zweisatz-Verfahren gelöst werden. Fülle die Lücken aus.**

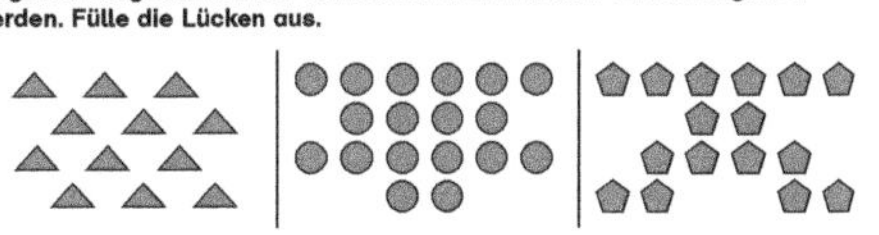

| 10 % ≙ 12 Dreiecke | 20 % ≙ 18 Kreise | 25 % ≙ 16 Fünfecke |
|---|---|---|
| 100 % ≙ 120 Dreiecke | 100 % ≙ 90 Kreise | 100 % ≙ 64 Fünfecke |

**3. Male den jeweils vorgegebenen Teil der Kästchen aus.**

30 %
40 %
90 %

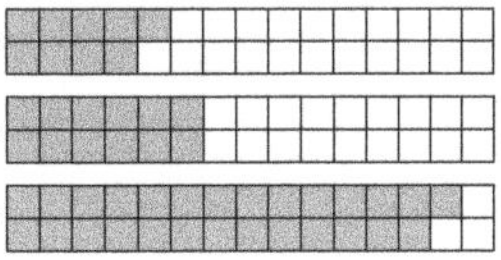

Rechnungen:
100 % ≙ 30 Kästchen
1 % ≙ 30 Kästchen : 100 = 0,3 Kästchen
30 % ≙ 0,3 Kästchen · 30 = 9 Kästchen
40 % ≙ 0,3 Kästchen · 40 = 12 Kästchen
90 % ≙ 0,3 Kästchen · 90 = 27 Kästchen

# Lösungen

## 25 Vermischte Übungen zu den drei Grundaufgaben 2

**1. Berechne und notiere die Ergebnisse im Kreuzzahlgitter.**

| | | | | | |
|---|---|---|---|---|---|
| ▸5 7 | ▾3 3 | 5 | | | ▾2 1 |
| | 1 | | | | 8 |
| | ▸4 2 | 1 | 2 | 0 | 0 |
| | | | | | 0 |
| | | | | ▸1 9 | 0 |

1. gegeben: G = 600; p% = 15 %; gesucht: P = ?
2. gegeben: P = 6 300; p% = 35 %; gesucht: G = ?
3. gegeben: G = 1 200; p% = 26 %; gesucht: P = ?
4. gegeben: P = 9 540; p% = 45 %; gesucht: G = ?
5. gegeben: G = 750; p% = 98 %; gesucht: P = ?

Rechnungen: 1. 100 % ≙ 600; 1 % ≙ 600 : 100 = 6; 15 % ≙ 6 · 15 = 90
2. 35 % ≙ 6300; 1 % ≙ 6300 : 35 = 180; 100 % ≙ 180 · 100 = 18000
3. 100 % ≙ 1200; 1 % ≙ 1200 : 100 = 12; 26 % ≙ 12 · 26 = 312
4. 45 % ≙ 9540; 1 % ≙ 9540 : 45 = 212; 100 % ≙ 212 · 100 = 21200
5. 100 % ≙ 750; 1 % ≙ 750 : 100 = 7,5 €; 98 % ≙ 7,5 · 98 = 735

**2. Die Ausbildungsvergütung von Samira beträgt 1 500 € (Bruttogehalt). Ausgezahlt werden ihr 1 170 € (Nettogehalt). Wie viel Prozent Abzüge hat Samira? Lies im Merkkasten auf dem Arbeitsblatt Nr. 33 nach, was Brutto- und Nettogehalt bedeutet.**

Rechnungen: 1500 € – 1170 € = 330 €; 1500 € ≙ 100 %; 1 € ≙ $\frac{100}{1500}$ %

Antwort: 330 € ≙ $\frac{100 \cdot 330}{1500}$ % = $\frac{100 \cdot 330}{1500}$ % = $\frac{330}{15}$ % = 22 %

Samira hat 22 % Abzüge.

**3. Berechne den Preis ohne Mehrwertsteuer (MwSt., 19 %). Trage die Ergebnisse in die Tabelle ein.**

| | a) | b) | c) | d) | e) |
|---|---|---|---|---|---|
| Preis mit MwSt. (Bruttopreis) | 952 € | 11 900 € | 59,50 € | 29,75 € | 2,38 € |
| Preis ohne MwSt. (Nettopreis) | 800 € | 10 000 € | 50 € | 25 € | 2 € |

Rechnungen:
a) 119 % ≙ 952 €; 1 % ≙ 952 € : 119 = 8 €; 100 % ≙ 8 € · 100 = 800 €
b) 119 % ≙ 11900 €; 1 % ≙ 11900 € : 119 = 100 €; 100 % ≙ 100 € · 100 = 10000 €
c) 119 % ≙ 59,50 €; 1 % ≙ 59,50 € : 119 = 0,50 €; 100 % ≙ 0,50 € · 100 = 50 €
d) 119 % ≙ 29,75 €; 1 % ≙ 29,75 € : 119 = 0,25 €; 100 % ≙ 0,25 € · 100 = 25 €
e) 119 % ≙ 2,38 €; 1 % ≙ 2,38 € : 119 = 0,02 €; 100 % ≙ 0,02 € · 100 = 2 €



## 26 Formeln für die Prozentrechnung

**Merke:** Die drei Grundaufgaben der Prozentrechnung können neben dem Dreisatz auch mit folgenden Formeln gelöst werden.

**Prozentwert** = $\frac{\text{Grundwert} \cdot \text{Prozentwert}}{100}$ P = $\frac{G \cdot p\%}{100}$
Der Bruchstrich bedeutet „geteilt durch", also **P = G · p% : 100**

**Prozentsatz** = $\frac{\text{Prozentwert} \cdot 100}{\text{Grundwert}}$ p% = $\frac{P \cdot 100}{G}$
Der Bruchstrich bedeutet „geteilt durch", also **p% = P · 100 : G**

**Grundwert** = $\frac{\text{Prozentwert} \cdot 100}{\text{Prozentsatz}}$ G = $\frac{P \cdot 100}{p\%}$
Der Bruchstrich bedeutet „geteilt durch", also **G = P · 100 : p%**

**1. Wie viel sind 40 % von 750 Videospielen? Fülle die Lücken aus.**

[40] % von [750] Videospielen = [?] Videospiele
↓ p% ↓ G ↓ P (gesucht)

**Anwendung der Formel:**
$P = \frac{750 \cdot 40}{100} = \frac{750 \cdot 4\cancel{0}}{10\cancel{0}} = \frac{3000}{10} = \boxed{300}$

Antwort: 40 % von [750] Videospielen sind [300] Videospiele.

**2. Wie viel Prozent sind 270 Fernseher von 900 Fernsehern? Fülle die Lücke aus.**

[?] Fernseher von [900] Fernsehern = 270 Fernseher
↓ p% (gesucht) ↓ G ↓ P

**Anwendung der Formel:**
$p\% = \frac{270 \cdot 100}{900} = \frac{270 \cdot 1\cancel{00}}{9\cancel{00}} = \frac{270}{9} = \boxed{30}$ %

Antwort: 270 Fernseher von [900] Fernsehern sind [30] %.

**3. 30 % aller Bücher sind 216 Bücher. Wie viele Bücher sind es insgesamt? Fülle die Lücken aus.**

[30] % von [?] Büchern = 216 Bücher
↓ p% ↓ G (gesucht) ↓ P

**Anwendung der Formel:**
$G = \frac{216 \cdot 100}{30} = \frac{216 \cdot 10\cancel{0}}{3\cancel{0}} = \frac{2160}{3} = \boxed{720}$

Antwort: Wenn [30] % aller Bücher 216 sind, dann sind es insgesamt [720] Bücher (100 %).



## 27 Formel zur Berechnung des Prozentwertes anwenden

Berechne sämtliche Aufgaben auf einem extra Blatt.

1. **In einer Obstplantage mit 600 Bäumen sind 16 % Kirschbäume, 32 % Apfelbäume, 28 % Pflaumenbäume und 24 % Birnenbäume. Berechne, wie viele Bäume von jeder Obstsorte in der Plantage vorhanden sind.**
2. **Übertrage die nebenstehende Abbildung.**

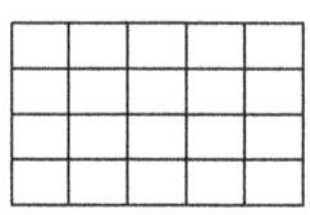

**Male 15 % der Fläche rot, 35 % der Fläche grün, 5 % der Fläche gelb, 25 % der Fläche blau und die restliche Fläche schwarz an.**

**Wie viele der kleinen Rechtecke entfallen auf die verschiedenen Farben? Notiere.**

3. **Ein Modegeschäft senkt für den Winterschlussverkauf die Preise sämtlicher Kleidungsstücke um 20 %. Vor der Preissenkung kostete eine Jacke 375 €, eine Jeans 60 €, ein Mantel 190 €, ein Herrenanzug 255 € und ein Hemd 28 €. Berechne die neuen Preise.**
4. **In einem Wald stehen rund 55 000 Nadelbäume. 5 % der Bäume haben faule Stellen und Pilzbefall. Wie viele Bäume sind nicht geschädigt? Schreibe auf.**
5. **Zwei Reiseanbieter werben für dasselbe Hotel. Prüfe, welches Angebot das günstigere ist. Berechne den jeweiligen Preis.**

| Angebot 1 | Angebot 2 |
|---|---|
| Hotel Ostseeperle ◇◇◇ | Hotel Ostseeperle ◇◇◇◇ |
| Kühlungsborn | Kühlungsborn |
| 1 Woche Übernachtung im Doppelzimmer mit Frühstück | 1 Woche Übernachtung im Doppelzimmer mit Frühstück |
| 20 % Rabatt | 25 % Rabatt |
| 550 € pro Person | 590 € pro Person |

6. **Ein Elektronikmarkt möchte im Lager Platz für neue Produkte schaffen. Auf ausgewählte Artikel entfällt die Mehrwertsteuer in Höhe von 19 %. Berechne jeweils den Preisnachlass.**

**„Wir schenken Ihnen die Mehrwertsteuer – 19 % sparen!"**
APhone 12 780 € OLED-TV 2150 € Gaming-PC 1780 €



## 27 Formel zur Berechnung des Prozentwertes anwenden

1. Kirschbäume: $P = \frac{600 \cdot 16}{100} \% = \frac{6\cancel{00} \cdot 16}{1\cancel{00}} = 96$
   Apfelbäume: $P = \frac{600 \cdot 32}{100} \% = \frac{6\cancel{00} \cdot 32}{1\cancel{00}} = 192$
   Pflaumenbäume: $P = \frac{600 \cdot 28}{100} \% = \frac{6\cancel{00} \cdot 28}{1\cancel{00}} = 168$
   Birnenbäume: $P = \frac{600 \cdot 24}{100} \% = \frac{6\cancel{00} \cdot 24}{1\cancel{00}} = 144$

2. 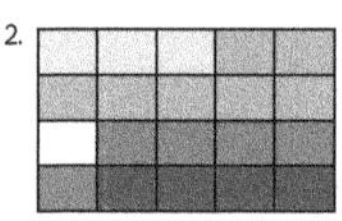

   rot: $P = \frac{20 \cdot 15}{100} = \frac{\cancel{20}^{1} \cdot 15}{\cancel{100}_5} = \frac{15}{5} = 3$
   grün: $P = \frac{20 \cdot 35}{100} = \frac{\cancel{20}^{1} \cdot 35}{\cancel{100}_5} = \frac{35}{5} = 7$
   gelb: $P = \frac{20 \cdot 5}{100} = \frac{\cancel{20}^{1} \cdot 5}{\cancel{100}_5} = \frac{5}{5} = 1$
   blau: $P = \frac{20 \cdot 25}{100} = \frac{\cancel{20}^{1} \cdot 25}{\cancel{100}_5} = \frac{25}{5} = 5$
   Rest: 100 % – (15 % + 35 % + 5 % + 25 %) =
   100 % – 80 % = 20 %
   $P = \frac{20 \cdot 20}{100} = \frac{\cancel{20}^{1} \cdot 20}{\cancel{100}_5} = \frac{20}{5} = 4$

3. 100 % – 20 % = 80 %
   Jacke: $P = \frac{375 \cdot 80}{100} = \frac{\cancel{375}^{75} \cdot \cancel{80}^{4}}{\cancel{100}_{5}} = 300$ €
   Herrenanzug: $P = \frac{255 \cdot 80}{100} = \frac{\cancel{255}^{51} \cdot \cancel{80}^{4}}{\cancel{100}_5} = 204$ €
   Jeans: $P = \frac{60 \cdot 80}{100} = \frac{\cancel{60}^{12} \cdot \cancel{80}^{4}}{\cancel{100}_5} = 48$ €
   Hemd: $P = \frac{28 \cdot 80}{100} = \frac{28 \cdot \cancel{80}^{4}}{\cancel{100}_5} = \frac{112}{5} = 22{,}40$ €
   Mantel: $P = \frac{190 \cdot 80}{100} = \frac{\cancel{190}^{38} \cdot \cancel{80}^{4}}{\cancel{100}_5} = 152$ €

4. 100 % – 5 % = 95 % (Bäume ohne Schädigung)
   $P = \frac{55000 \cdot 95}{100} = \frac{55000 \cdot 95}{100} = 52250$ Bäume

5. Angebot 1 100 % – 20 % = 80 %
   $P = \frac{550 \cdot 80}{100} = \frac{\cancel{550}^{110} \cdot \cancel{80}^{4}}{\cancel{100}_1} = 440$ €
   Angebot 2 100 % – 25 % = 75 %
   $P = \frac{590 \cdot 75}{100} = \frac{590 \cdot \cancel{75}^{3}}{\cancel{100}_4} = \frac{1770}{4} = 442{,}50$ €
   Angebot 1 ist das günstigere.

6. APhone 12: $P = \frac{780 \cdot 19}{100} = \frac{\cancel{780}^{39} \cdot 19}{\cancel{100}_5} = \frac{741}{5} = 148{,}20$ €
   OLED-TV: $P = \frac{2150 \cdot 19}{100} = \frac{\cancel{2150}^{43} \cdot 19}{\cancel{100}_2} = \frac{817}{2} = 408{,}50$ €
   Gaming-PC: $P = \frac{\cancel{1780} \cdot 19}{\cancel{100}_5} = \frac{1691}{5} = 338{,}20$ €

# Lösungen

## 28 Formel zur Berechnung des Prozentsatzes anwenden

Berechne sämtliche Aufgaben auf einem extra Blatt.

1. **In einem Karton befinden sich 120 Buntstifte, davon sind 18 blau, 30 grün und 72 gelb.**
   **a) Wie viel Prozent aller Buntstifte sind blau?**
   **b) Wie viel Prozent aller Buntstifte sind grün?**
   **c) Wie viel Prozent aller Buntstifte sind gelb?**

2. **Zwei Mechaniker A. und B. fertigen Schraubenschlüssel an. Bei A. waren von 2400 Stück 12 fehlerhaft und bei B. von 2500 Stück 15 nicht einwandfrei.**
   **a) Wie viel Prozent aller Schraubenschlüssel waren bei A. fehlerhaft?**
   **b) Wie viel Prozent aller Schraubenschlüssel waren bei B. nicht einwandfrei?**
   **c) Welcher der beiden Mechaniker hat prozentual besser gearbeitet?**

3. **Mike erhält in jedem Monat 20 € Taschengeld, seine jüngere Schwester Elena 16 €. Davon spart Mike monatlich 6,60 € und Anja 6,40 €.**
   **Wer von den beiden Geschwistern hat prozentual mehr gespart?**

4. **Ein Neuwagen hat bisher 25000 € gekostet. Das Autohaus senkt den Preis um 3000 €.**
   **Wie viel Prozent des ursprünglichen Preises muss für das Fahrzeug noch bezahlt werden?**

5. **Zwei Luxushotels reduzieren ihre Preise.**
   **Berechne die prozentualen Einsparmöglichkeiten.**

| GRAND HOTEL USEDOM | GRAND HOTEL WARNEMÜNDE |
|---|---|
| 2 Wochen Familienurlaub (2 Erwachsene / 2 Kinder) im 5-Sterne-Hotel | 2 Wochen Familienurlaub (2 Erwachsene / 2 Kinder) im 5-Sterne-Hotel |
| statt 4800 € **nur 3600 €** | statt 4000 € **nur 3200 €** |

6. **Ein Möbelhaus wirbt mit folgenden Angeboten.**

**»Mega-Rabatte. Sofort zuschlagen!«**
Boxspringbett ........................ statt ~~2500~~ € nur noch 1400 €
Couchgarnitur ........................ statt ~~2000~~ € nur noch 750 €
Kleiderschrank ........................ statt ~~800~~ € nur noch 420 €

**a) Wie viel Prozent des ursprünglichen Preises müssen noch bezahlt werden?**
**b) Um wie viel Prozent wurden die Möbelstücke jeweils reduziert?**



## 28 Formel zur Berechnung des Prozentsatzes anwenden

1. Buntstifte (blau):
$p\% = \frac{18 \cdot 100}{120} = \frac{18 \cdot 10}{12} = \frac{3 \cdot 10}{2} = \frac{30}{2} = 15\ \%$

Buntstifte (grün):
$p\% = \frac{30 \cdot 100}{120} = \frac{1 \cdot 100}{4} = \frac{100}{4} = 25\ \%$

Buntstifte (gelb):
$p\% = \frac{72 \cdot 100}{120} = \frac{72 \cdot 5}{6} = \frac{12 \cdot 5}{1} = 60\ \%$

2.
a) $p\% = \frac{12 \cdot 100}{2400} = \frac{12 \cdot 1}{24} = \frac{12}{24} = \frac{1}{2} = 0{,}5\ \%$
0,5 % aller Schraubenschlüssel waren bei A. fehlerhaft.

b) $p\% = \frac{15 \cdot 100}{2500} = \frac{15 \cdot 1}{25} = \frac{15}{25} = \frac{3}{5} = 0{,}6\ \%$
0,6 % aller Schraubenschlüssel waren bei B. nicht einwandfrei.

c) Mechaniker A. hat prozentual besser gearbeitet (0,5 % < 0,6 %).

3. Mike:
$p\% = \frac{6{,}60 \cdot 100}{20} = \frac{660}{20} = 33\ \%$

Elena:
$p\% = \frac{6{,}40 \cdot 100}{16} = \frac{640}{16} = 40\ \%$

Elena hat prozentual mehr gespart (40 % > 33 %).

4. $p\% = \frac{3000 \cdot 100}{25000} = \frac{300}{25} = 12\ \%$
100 % – 12 % = 88 %
88 % des ursprünglichen Preises müssen für das Fahrzeug noch bezahlt werden.

5. Grand Hotel Usedom
$p\% = \frac{3600 \cdot 100}{4800} = \frac{3600}{48} = 75\ \%$
100 % – 75 % = 25 %
Der Preis wurde um 25 % reduziert.

Grand Hotel Warnemünde
$p\% = \frac{3200 \cdot 100}{4000} = \frac{320}{4} = 80\ \%$
100 % – 80 % = 20 %
Der Preis wurde um 20 % reduziert.

6. a) Boxspringbett
$p\% = \frac{1400 \cdot 100}{2500} = \frac{1400}{25} = 56\ \%$

Couchgarnitur
$p\% = \frac{750 \cdot 100}{2000} = \frac{75}{2} = 37{,}5\ \%$

Kleiderschrank
$p\% = \frac{420 \cdot 100}{800} = \frac{420}{8} = \frac{105}{2} = 52{,}5\ \%$

b) Boxspringbett
100 % – 56 % = 44 %

Couchgarnitur
100 % – 37,5 % = 62,5 %

Kleiderschrank
100 % – 52,5 % = 47,5 %



## 29 Formel zur Berechnung des Grundwertes anwenden

Berechne sämtliche Aufgaben auf einem extra Blatt.

1. **Ein kanadischer Hardware-Hersteller exportiert pro Jahr 2100 Computer nach Europa. Das entspricht 30 % der gesamten Produktion.**
   **Wie viele Computer stellt das Unternehmen jährlich her?**

2. **Drei Freunde fanden im Laufe eines Jahres verschiedene Wertgegenstände, für die sie 5 % Finderlohn erhielten. Ali bekam für einen Ring 16 €, Marcel für eine Kette 33 € und Felix für einen Geldbeutel 12,50 €.**
   **Welchen Wert hatten die einzelnen Gegenstände?**

3. **Melina, Zahina und Madeleine möchten ihrem Bruder zum Geburtstag einen Fußball schenken, der 72 € kostet. Jedes der Mädchen zahlt den gleichen Anteil, den sie jeweils aus der Spardose holen. Für Melina sind das 40 % ihrer Ersparnisse, für Zahina 30 % und für Madeleine 16 %.**
   **Wie viel Geld hatte jede der drei Schwestern in der Spardose?**

4. **Eine Buchhandlung verkauft Bücher aus Restbeständen. Diese werden zu einem Nachlass von 35 % des Neupreises angeboten. Für einen Roman muss man jetzt 13 € bezahlen, für ein Sachbuch 16,90 €, für einen Weltatlas 20,80 € und für ein Tierlexikon 26 €.**
   **Wie hoch waren die Neupreise für die verschiedenen Bücher?**

5. **Die Angestellten der Firma Bräsig erhalten im Dezember für hervorragende Arbeitsleistung jeweils 15 % ihres Monatsgehaltes als Sonderzahlung. Die Personalabteilung berechnet folgende Beträge.**

| Herr Adam | 270 € | Frau Rehm | 750 € |
|---|---|---|---|
| Frau Göbel | 180 € | Herr Cesar | 187,50 € |
| Herr Harth | 165 € | Herr Omidi | 214,50 € |

**Wie viel verdient jede der angestellten Personen monatlich?**

6. **Bei folgenden Produkten ist lediglich die Mehrwertsteuer in Höhe von 19 % ausgewiesen. Berechne den jeweiligen Verkaufspreis (Bruttopreis).**

| Produkt | Mehrwertsteuer (19 %) | Verkaufspreis (Bruttopreis) |
|---|---|---|
| Wagenheber | 15,01 | ? |
| Warndreieck | 2,85 € | ? |
| Motoröl | 3,99 € | ? |



## 29 Formel zur Berechnung des Grundwertes anwenden

1. $G = \frac{2100 \cdot 100}{30} = \frac{210 \cdot 100}{3} = 7000$
Das Unternehmen stellt jährlich 7000 Computer her.

2. Ring
$G = \frac{16 \cdot 100}{5} = \frac{16 \cdot 20}{1} = 320\ €$

Geldbeutel
$G = \frac{12{,}5 \cdot 100}{5} = \frac{12{,}5 \cdot 20}{1} = 250\ €$

Kette
$G = \frac{33 \cdot 100}{5} = \frac{33 \cdot 20}{1} = 660\ €$

3. 72 € : 3 = 24 €

Melina
$G = \frac{24 \cdot 100}{40} = \frac{24 \cdot 5}{2} = \frac{12 \cdot 5}{1} = 60\ €$

Madeleine
$G = \frac{24 \cdot 100}{16} = \frac{3 \cdot 100}{2} = \frac{300}{2} = 150\ €$

Zahina
$G = \frac{24 \cdot 100}{30} = \frac{24 \cdot 10}{3} = \frac{8 \cdot 10}{1} = 80\ €$

4. 100 % – 35 % = 65 %

Roman
$G = \frac{13 \cdot 100}{65} = \frac{1 \cdot 100}{5} = \frac{20}{1} = 20\ €$

Sachbuch
$G = \frac{16{,}9 \cdot 100}{65} = \frac{1690}{65} = 26\ €$

Weltatlas
$G = \frac{20{,}80 \cdot 100}{65} = \frac{2080}{65} = 32\ €$

Tierlexikon
$G = \frac{26 \cdot 100}{65} = \frac{26 \cdot 20}{13} = \frac{2 \cdot 20}{1} = 40\ €$

5. Herr Adam: $G = \frac{270 \cdot 100}{15} = \frac{270 \cdot 20}{3} = \frac{90 \cdot 20}{1} = 1800\ €$
Frau Göbel: $G = \frac{180 \cdot 100}{15} = \frac{12 \cdot 100}{1} = 1200\ €$
Herr Harth: $G = \frac{165 \cdot 100}{15} = \frac{11 \cdot 100}{1} = 1100\ €$
Frau Rehm: $G = \frac{750 \cdot 100}{15} = \frac{50 \cdot 100}{1} = 5000\ €$
Herr Cesar: $G = \frac{187{,}50 \cdot 100}{15} = \frac{18750}{15} = 1250\ €$
Herr Omidi: $G = \frac{214{,}50 \cdot 100}{15} = \frac{21450}{15} = 1430\ €$

6. Wagenheber
$G = \frac{15{,}01 \cdot 100}{19} = \frac{1501}{19} = 79\ €$

Warndreieck
$G = \frac{2{,}85 \cdot 100}{19} = \frac{285}{19} = 15\ €$

Motoröl
$G = \frac{3{,}99 \cdot 100}{19} = \frac{399}{19} = 21\ €$

# Lösungen

## (30) Vermischte Sachaufgaben: Mit Formeln rechnen

**1. Lies folgende Sachaufgaben aufmerksam durch. Notiere jeweils die zwei gegebenen Größen (Bezeichnung und Wert) sowie die gesuchte Größe.**

a) Die Friedrich-Ebert-Schule hat 1 300 Schülerinnen und Schüler. 60 % von ihnen fahren mit öffentlichen Verkehrsmitteln.

Gegebene Größe 1: *G = 1300 Schülerinnen und Schüler*

Gegebene Größe 2: *P% = 60 %*

Gesuchte Größe: *P = ?*

b) Bei einer Wahl entfielen von 20 000 abgegebenen Stimmen 6 200 Stimmen auf den Kandidaten Polat.

Gegebene Größe 1: *G = 20 000 Stimmen*

Gegebene Größe 2: *P = 6200 Stimmen*

Gesuchte Größe: *p% = ?*

c) Frau Litzinger erhält beim Kauf eines Neuwagens einen Preisnachlass in Höhe von 3 000 €. Die eingesparten 15 % des Kaufpreises schenkt sie ihrer Tochter.

Gegebene Größe 1: *P = 3000 €*

Gegebene Größe 2: *p% = 15 %*

Gesuchte Größe: *G = ?*

d) Eine Buchhändlerin verkaufte in einem Monat Bücher im Wert von 22 400 €. Das waren 10 % des Jahresumsatzes.

Gegebene Größe 1: *P = 22 400 €*

Gegebene Größe 2: *p% = 10 %*

Gesuchte Größe: *G = ?*

**2. Löse die Sachaufgaben 1. a) bis d) auf einem extra Blatt. Verwende das Schema „Frage – Rechnung – Antwort".**



## (30) Vermischte Sachaufgaben: Mit Formeln rechnen

2.

1a) Frage: Wie viele Schülerinnen und Schüler fahren mit öffentlichen Verkehrsmitteln?

Rechnung: $P = \frac{1300 \cdot 60}{100} = \frac{1300 \cdot 60}{100} = 780$ Schülerinnen und Schüler

Antwort: 780 Schülerinnen und Schüler fahren mit öffentlichen Verkehrsmitteln.

1b) Frage: Wie viel Prozent der Stimmen hat der Kandidat Polat erhalten?

Rechnung: $p\% = \frac{6200 \cdot 100}{20000} = \frac{6200 \cdot 100}{20000} = \frac{6200}{200} = 31\ \%$

Antwort: Der Kandidat Polat hat 31 % der Stimmen erhalten.

1c) Frage: Wie viel Euro kostet der Wagen regulär?

Rechnung: $G = \frac{3000 \cdot 100}{15} = \frac{\overset{200}{3000} \cdot 100}{15} = 20000$ €

Antwort: Der Wagen kostet 20 000 € regulär.

1d) Frage: Wie hoch ist der Jahresumsatz?

Rechnung: $G = \frac{22400 \cdot 100}{10} = \frac{22400 \cdot 100}{10} = 224000$ €

Antwort: Der Jahresumsatz beträgt 224 000 €.



## (31) Rechnungsdokument

**Merke:** In einem Rechnungsdokument werden Lieferungen oder sonstige Leistungen an eine Kundin bzw. einen Kunden abgerechnet. Wichtige Bestandteile einer Rechnung sind u. a. Rechnungsdatum, Rechnungsnummer, Kundennummer und Rechnungsbetrag, aufgeschlüsselt in Nettobetrag (ohne Mehrwertsteuer) und Bruttobetrag (mit Mehrwertsteuer).

**1. Bearbeite mithilfe des abgebildeten Rechnungsdokuments folgende Aufgabenstellungen. Trage die Ergebnisse in die leeren Kästchen ein.**

a.) Auf der Rechnung ist ein Nettobetrag in Höhe von 485,00 € ausgewiesen. Berechne die Mehrwertsteuer (19 %).

Rechnung: $P = \frac{485 \cdot 19}{100} = \frac{9215}{100} = 92{,}15$ €

Antwort: *Die Mehrwertsteuer beträgt 92,15 €.*

b) Wie hoch ist der Rechnungsbetrag, der überwiesen werden muss? Berechne.

Rechnung: 100 % + 19 % = 119 %; 485 € + 92,15 € = 577,15 €

Antwort: *Der zu überweisende Rechnungsbetrag ist 577,15 €.*

c) Überlege, warum es wichtig ist, bei einer Banküberweisung Rechnungsnummer und Kundennummer im Feld „Verwendungszweck" anzugeben. Schreibe auf.

Antwort: *Bei Angabe von Rechnungsnumer und Kundennummer kann die Zahlung schnell zugeordnet werden.*

**Möbel Deluxe**
Pappelweg 8
63695 Glauburg

Frau
Julia Müller
Keltenstraße 11
35510 Butzbach

28.04.2023

Rechnungsnummer: 2233
Kundennummer: 46571

| Pos. | Menge | Beschreibung | Einzelpreis (netto) | Betrag (netto) |
|---|---|---|---|---|
| 1 | 1 | Esstisch Premium | 485.00 € | 485.00 € |
| | | | Nettobetrag | 485,00 € |
| | | | 19% MwSt. (Umsatzsteuer) | 92,15 € |
| | | | **Rechnungsbetrag (brutto)** | 577,15 € |

Zahlung innerhalb von 14 Tagen nach Erhalt.

Bankverbindung: Sparkasse Oberhessen — Steuernummer: 1234567
IBAN: DE51 5185 0079 1111 1111 11



## (32) Skontorechnung

**Merke:** Das Wort „Skonto" kommt aus dem Italienischen und bedeutet „Abzug". Skonto ist ein Preisnachlass, der in Prozenten angegeben wird. Skonto wird gewährt, wenn der Rechnungsbetrag sofort oder kurzfristig bezahlt wird. Als Zusatz erscheint auf der Rechnung z.B. „2 % Skonto bei Zahlung innerhalb von 7 Tagen". Der Skontosatz liegt üblicherweise zwischen 2 % und 5 %.

**1. Herr Steinfeld kauft einen PC für 468 €. Auf der Rechnung steht, dass bei Zahlung innerhalb 5 Tagen 3 % Skonto abgezogen werden kann. Welchen Betrag kann Herr Steinfeld als Skonto abziehen, wenn er den PC innerhalb der gestellten Frist bezahlt?**

Rechnungen: 100 % ≙ 468 €; 1 % ≙ 468 € : 100 = 4,68 € · 3 % = 14,04 €

Antwort: *Herr Steinfeld kann 14,04 € als Skonto abziehen.*

**2. Rechne auf einem extra Blatt und trage die Ergebnisse in die Tabellen ein.**

| | a) | b) | c) | d) |
|---|---|---|---|---|
| Rechnungsbetrag | 200 € | 1 400 € | 245 € | 678 € |
| Skonto in € | 6 € | 28 € | 9,80 € | 30,51 € |
| Skonto in % | 3 % | 2 % | 4 % | 4,5 % |

| | e) | f) | g) | h) |
|---|---|---|---|---|
| Rechnungsbetrag | 140 € | 764 € | 876 € | 1 560 € |
| Skonto in % | 2 % | 3 % | 4 % | 5 % |
| Skonto in € | 2,80 € | 22,92 € | 35,04 € | 78 € |

**3. Herr Arslan und Frau Koske kaufen beide ein Motorrad im Wert von 8 000 € (Nettopreis, ohne Mehrwertsteuer). Der Händler gewährt jeweils 3 % Skonto. Herr Arslan möchte den Skonto abziehen, nachdem der Händler die Mehrwertsteuer (Mwst.) addiert hat. Frau Koske möchte den Skonto abziehen, bevor der Händler die Mehrwertsteuer addiert hat.**

| Herr Arslan | | Frau Koske | |
|---|---|---|---|
| 1 Motorrad | 8 000,00 € | 1 Motorrad | 8 000,00 € |
| + 19 % Mehrwertsteuer: | 1520,00 € | – 3 % Skonto: | 240,00 € |
| Zwischensumme: | 9 520,00 € | Zwischensumme: | 7760,00 € |
| – 3 % Skonto: | 285,60 € | + 19 % Mehrwertsteuer: | 1474,40 € |
| **Zahlungsbetrag**: | 9234,40 € | **Zahlungsbetrag**: | 9234,40 € |

a) Führe die Rechnungen auf einem extra Blatt durch.
b) Übertrage die Ergebnisse auf die Linien. Was fällt dir auf? Notiere.

# Lösungen

## (32) Skontorechnung

2.

a) 200 € ≙ 100 %
1 € ≙ $\frac{100}{200}$ %
6 € ≙ $\frac{100 \cdot 6}{200}$ % = <u>3 %</u>

b) 1400 € ≙ 100 %
1 € ≙ $\frac{100}{1400}$ %
28 € ≙ $\frac{100 \cdot 28}{1400}$ % = <u>2 %</u>

c) 245 € ≙ 100 %
1 € ≙ $\frac{100}{245}$ %
9,80 € ≙ $\frac{100 \cdot 9{,}80}{245}$ % = $\frac{980}{245}$ % = <u>4 %</u>

d) 678 € ≙ 100 %
1 € ≙ $\frac{100}{678}$ %
30,51 € ≙ $\frac{100 \cdot 30{,}51}{678}$ % = $\frac{3151}{678}$ % = <u>4,5 %</u>

e) 100 % ≙ 140 €
1 % ≙ 140 € : 100 = 1,40 €
2 % ≙ 1,40 € · 2 = <u>2,80 €</u>

f) 100 % ≙ 764 €
1 % ≙ 764 € : 100 = 7,64 €
3 % ≙ 7,64 € · 3 = <u>22,92 €</u>

g) 100 % ≙ 876€
1 % ≙ 876 € : 100 = 8,76 €
4 % ≙ 8,76 € · 4 = <u>35,04 €</u>

h) 100 % ≙ 1560 €
1 % ≙ 1560 € : 100 = 15,60 €
5 % ≙ 15,60 € · 5 = <u>78 €</u>

3. Herr Arslan

100 % ≙ 8000 €
1 % ≙ 8000 € : 100 = 80 €
19 % ≙ 80 € · 19 = 1520 € (Mwst.)
8000 € + 1520 € = 9520 €

100 % ≙ 9520 €
1 % ≙ 9520 € : 100 = 95,20 €
3 % ≙ 95,20 € · 3 = 285,60 € (Skonto)
9520 € – 285,60 € = <u>9234,40 €</u>

Frau Koske

100 % ≙ 8000 €
1 % ≙ 8000 € : 100 = 80 €
3 % ≙ 80 € · 3 = 240 € (Skonto)
8000 € – 240 € = 7760 €

100 % ≙ 7760 €
1 % ≙ 7760 € : 100 = 77,60 €
19 % ≙ 77,60 € · 19 = 1474,40 € (Mwst.)
7760 € + 1474,40 € = <u>9234,40 €</u>

Herr Arslan und Frau Koske zahlen denselben Preis. Es ist gleichgültig, ob der Skonto vom Nettopreis oder Bruttopreis abgezogen wird.
Im Regelfall wird der Preisnachlass vom Bruttobetrag der Rechnung abgezogen.



## (33) Bruttolohn und Nettolohn

**Merke:** Unter dem Bruttoverdienst (Bruttolohn, Bruttogehalt, Bruttoeinkommen) versteht man den Verdienst, bei dem die gesetzlichen Abzüge noch eingerechnet sind. Der Nettoverdienst (Nettolohn, Nettogehalt, Nettoeinkommen) ist der Verdienst, bei dem die gesetzlichen Abzüge bereits berücksichtigt wurden. Mit Abzügen sind die Sozialabgaben (Krankenversicherung, Arbeitslosenversicherung u. a.) und Steuern (Lohnsteuer, Kirchensteuer) gemeint.

1. **Frau Wilhelmi hat ein monatliches Bruttogehalt von 3650 €. Davon muss sie 15 % Lohnsteuer zahlen.**
**Welchen Betrag erhält der Staat monatlich an Lohnsteuer?**

Rechnung: 100 % ≙ 3650 €; 1 % ≙ 3650 € : 100 = 36,50 €;
15 % ≙ 36,50 € · 15 = 547,50 €
Antwort: *Der Staat erhält monatlich 547,50 € an Lohnsteuer.*

2. **Herr Berthold hat einen Monatslohn von 1800 € brutto. Davon werden ihm 23,40 € als Beitrag für die Arbeitslosenversicherung abgezogen.**
**Wie viel Prozent vom Bruttolohn erhält die gesetzliche Arbeitslosenversicherung?**

Rechnung: 1800 € ≙ 100 %; 1 € ≙ $\frac{100}{1800}$ %; 23,40 € ≙ $\frac{100 \cdot 23{,}40}{1800}$ % = $\frac{100 \cdot 23{,}40}{1800}$ % = $\frac{23{,}40}{18}$ % = 1,3 %
Antwort: *Die gesetzliche Arbeitslosenversicherung erhält 1,3 % vom Bruttolohn.*

3. **Ermittle auf einem extra Blatt anhand der abgebildeten Auflistung das Nettogehalt von Frau Borzellino.**
**<u>Beachte:</u> Zur Berechnung der einzelnen Sozialversicherungsbeiträge sowie der Lohnsteuer ist das Bruttoeinkommen als Grundwert zu berücksichtigen. Bei der Kirchensteuer ist der Betrag der zu zahlenden Lohnsteuer der Grundwert.**

| | |
|---|---|
| Name: | Antonia Borzellino |
| Beruf: | Altenpflegerin |
| Familienstand: | ledig |
| Lohnsteuerklasse: | I |
| Geburtsdatum: | 08.01.1996 |
| Bruttoeinkommen pro Monat: | 2500 € |
| Konfession: | römisch-katholisch |
| **<u>Sozialversicherungsbeiträge</u>** | |
| Krankenversicherung | 8,1 % (inkl. Zusatzbeitrag) |
| Pflegeversicherung | 1,53 % (gerundet) |
| Rentenversicherung | 9,3 % |
| Arbeitslosenversicherung: | 1,3 % |
| **<u>Steuern & sonstige Abgaben</u>** | |
| Lohnsteuer: | 9 % |
| Kirchensteuer: | 9 % von der Lohnsteuer |



## (33) Bruttolohn und Nettolohn

Bruttoeinkommen: 2500 €
abzüglich ...

100 % ≙ 2500 €
1 % ≙ 25 €
8,1 % ≙ 25 € · 8,1 = 202,50 € (Krankenversicherung)
1,53 % ≙ 25 € · 1,53 = 38,25 € (Pflegeversicherung)
9,3 % ≙ 25 € · 9,3 = 232,50 € (Rentenversicherung)
1,3 % ≙ 25 € · 1,3 = 32,50 € (Arbeitslosenversicherung)
9 % ≙ 25 € · 9 = 225 € (Lohnsteuer)

100 % ≙ 225 €
1 % ≙ 2,25 €
9 % ≙ 2,25 € · 9 = 20,25 € (Kirchensteuer)

Summe der Anzüge:
202,50 €
38,25 €
232,50 €
32,50 €
225,00 €
\+ 20,25 €
751,00 €

Nettoeinkommen: 2500 € – 751 € = <u>1749 €</u>

Frau Borzellino hat ein Nettogehalt in Höhe von 1749 €.



## (34) Brutto – Netto – Tara

Fast alle Waren, die wir kaufen, sind verpackt.

**Merke:** Bruttogewicht (Rohgewicht) ≙ Gewicht Ware + Gewicht Verpackungsmaterial
Nettogewicht (Reingewicht) ≙ Gewicht der Ware ohne Gewicht der Verpackung
Verpackungsgewicht (Tara) ≙ Gewicht Verpackungsmaterial ohne Gewicht der Ware

<u>Beispiel:</u> Ein Fernsehgerät wiegt 20 kg, zusammen mit dem Verpackungskarton sind es 25 kg. Wie viel Prozent vom Bruttogewicht macht das Verpackungsgewicht aus?

Rechnerische Lösung:

25 kg ≙ 100%
1 kg ≙ 100 % : 25 = 4 %
5 kg ≙ 4 % · 5 = 20 %

oder

25 kg ≙ 100%
5 kg ≙ 100 % : 5 = 20 %

Antwort: Das Verpackungsgewicht macht 20 % des Bruttogewichts aus.

1. **Ein wertvoller Kunstgegenstand wiegt 1200 g. Um ihn vor Beschädigung beim Transport zu schützen, muss er stabil verpackt werden. 4800 g wiegt das Verpackungsmaterial.**
**Wie viel Prozent vom Bruttogewicht macht das Verpackungsgewicht aus?**

Rechnung: *Bruttogewicht = 1200 g + 4800 g = 6000 g; 6000 g ≙ 100 %;*
1 g ≙ $\frac{100}{6000}$ %; 4800 g ≙ $\frac{100 \cdot 4800}{6000}$ % = $\frac{100 \cdot 4800}{6000}$ % = $\frac{4800}{60}$ % = $\frac{4800}{60}$ % = $\frac{800}{10}$ % = 80 %
Antwort: *Das Verpackungsgewicht macht 80 % vom Bruttogewicht aus.*

2. **Rechne auf einem extra Blatt und trage die Ergebnisse in die Tabelle ein.**

| | a) | b) | c) | d) |
|---|---|---|---|---|
| Bruttogewicht | 400 kg | 650 kg | 1640 kg | 5500 kg |
| Nettogewicht | 332 kg | 559 kg | 1394 kg | 5203 kg |
| Verpackungsgewicht in % | 17 % | 14 % | 15 % | 5,4 % |

3. **Führe die Rechnungen auf einem extra Blatt durch.**

| Bruttogewicht | Nettogewicht | Verpackungsgewicht |
|---|---|---|
| Tresor mit Kiste  140 kg | Tresor ohne Kiste  119 kg | Kiste ohne Tresor  21 kg |

a) Wie viel wiegt das Verpackungsmaterial?
b) Wie viel Prozent vom Bruttogewicht macht das Verpackungsgewicht aus?
c) Wie viele verpackte Tresore kann ein Lkw transportieren, der 4,2 t Ladefähigkeit hat?

# Lösungen

## 34 Brutto – Netto – Tara

2.

a) 400 kg − 332 kg = 68 kg

400 kg $\triangleq$ 100 %

1 kg $\triangleq \frac{100}{400}$ %

68 kg $\triangleq \frac{100 \cdot 68}{400}$ % $= \frac{10\cancel{0} \cdot 68}{40\cancel{0}}$ % $= \frac{68}{4}$ % = <u>17 %</u>

b) 650 kg − 559 kg = 91 kg

650 kg $\triangleq$ 100 %

1 kg $\triangleq \frac{100}{650}$ %

91 kg $\triangleq \frac{10\cancel{0} \cdot 91}{65\cancel{0}}$ % $= \frac{910}{65}$ = <u>14 %</u>

c) 1640 kg − 1394 kg = 246 kg

1640 kg $\triangleq$ 100 %

1 kg $\triangleq \frac{100}{1640}$ %

246 kg $\triangleq \frac{100 \cdot 246}{1640}$ % $= \frac{10\cancel{0} \cdot 246}{164\cancel{0}}$ % $= \frac{2460}{164}$ % = <u>15 %</u>

d) 5500 kg − 5203 kg = 297 kg

5500 kg $\triangleq$ 100 %

1 kg $\triangleq \frac{100}{5500}$ %

297 kg $\triangleq \frac{100 \cdot 297}{5500}$ % $= \frac{1\cancel{00} \cdot 297}{55\cancel{00}}$ % $= \frac{297}{55}$ % = <u>5,4 %</u>

3.

a) Verpackungmaterial

140 kg − 119 kg = 21 kg

Das Verpackungsmaterial wiegt 21 kg.

b) 140 kg $\triangleq$ 100 %

1 kg $\triangleq \frac{100}{140}$ %

21 kg $\triangleq \frac{100 \cdot 21}{140}$ % $= \frac{\overset{5}{\cancel{100}} \cdot 21}{\underset{7}{\cancel{140}}}$ % $= \frac{105}{7}$ % $= \frac{105}{7}$ % = 15 %

Das Verpackungsgewicht macht 15% vom Bruttogewicht aus.

c) 4,2 t = 4200 kg

4200 kg : 140 kg = 30

Ein LKW mit 4,2 t Ladefähigkeit kann 30 verpackte Tresore transportieren.



## 35 Lernkontrolle 1: Brüche, Dezimalzahlen und Rechnen mit Prozenten

**1. Vervollständige die Tabelle.**

| | Gekürzter Bruch | Hundertstelbruch | Dezimalzahl | Prozentzahl |
|---|---|---|---|---|
| a) | $\frac{8}{10}$ | $\frac{80}{100}$ | 0,8 | 80 % |
| b) | $\frac{5}{10}$ | $\frac{50}{100}$ | 0,5 | 50 % |
| c) | $\frac{9}{20}$ | $\frac{45}{100}$ | 0,45 | 45 % |
| d) | $\frac{7}{20}$ | $\frac{35}{100}$ | 0,35 | 35 % |
| e) | $\frac{9}{25}$ | $\frac{36}{100}$ | 0,36 | 36 % |
| f) | $\frac{6}{10}$ | $\frac{60}{100}$ | 0,6 | 60 % |

**2. Berechne jeweils die fehlende Größe auf einem extra Blatt. Übertrage die Ergebnisse.**

| | Grundwert G | Prozentsatz p% | Prozentwert P |
|---|---|---|---|
| a) | 750 kg | 60 % | 450 kg |
| b) | 1 000 € | 20 % | 200 € |
| c) | 18 000 m | 15 % | 2 700 m |
| d) | 140 cm² | 30 % | 42 cm² |
| e) | 7 700 g | 5 % | 385 g |
| f) | 12 400 t | 25,5 % | 3 162 t |

**3. Gib in Prozent an. Fülle die Lücken aus.**

a) Jede fünfte Lehrkraft ist jünger als 30 Jahre. Das sind <u>20</u> Prozent.
b) Vier Zehntel aller Befragten lieben Wintersport. Das sind <u>40</u> Prozent.
c) 5 Zehntel und 6 Hundertstel: Das sind <u>56</u> Prozent.
d) Vierundneunzig Hundertstel: Das sind <u>94</u> Prozent.
e) null – Komma – drei – sechs: Das sind <u>36</u> Prozent.



## 35 Lernkontrolle 1: Brüche, Dezimalzahlen und Rechnen mit Prozenten

2.

a) 100 % $\triangleq$ 750 kg; 1 % $\triangleq$ 750 kg : 100 = 7,50 kg

60 % $\triangleq$ 7,50 kg · 60 = <u>450 kg</u>

b) 1000 € $\triangleq$ 100 %

1 € $\triangleq$ 100 % : 1000 = 0,1 %

200 € $\triangleq$ 0,1 % · 200 = <u>20 %</u>

c) 15 % $\triangleq$ 2700 m

1 % $\triangleq$ 2700 m : 15 = 180 m

100 % $\triangleq$ 180 m · 100 = <u>18000 m</u>

d) 140 cm² $\triangleq$ 100 %

1 cm² $\triangleq \frac{100}{140}$ %

42 cm² $\triangleq \frac{100 \cdot 42}{140}$ % $= \frac{10\cancel{0} \cdot 42}{14\cancel{0}}$ % − $\frac{420}{14}$ % = <u>30 %</u>

e) 5 % $\triangleq$ 385 g

1 % $\triangleq$ 385 g : 5 = 77 g

100 % $\triangleq$ 77 g · 100 = <u>7700 g</u>

f) 12400 t $\triangleq$ 100 %

1 t $\triangleq \frac{100}{12400}$ %

3162 t $\triangleq \frac{100 \cdot 3162}{12400}$ % $= \frac{1\cancel{00} \cdot 3162}{124\cancel{00}}$ % $= \frac{3162}{124}$ % = <u>25,5 %</u>



## 36 Lernkontrolle 2: Sachaufgaben Prozentrechnung

Berechne sämtliche Aufgaben auf einem extra Blatt und kreuze anschließend jeweils das Ergebnis an.

**1. Herr Reza möchte sich einen Wintergarten für 42 000 € anfertigen lassen. Er handelt einen Rabatt in Höhe von 15 % aus. Welchem Betrag entspricht das?**

☐ 5 500 € ☐ 5 800 € ☐ 6 200 € ☒ 6 300 €

**2. Frau Janez zahlt für einen Kaminofen nach Abzug von 20 Prozent nur noch 2 400 €. Wie viel Euro hätte sie ohne Preisnachlass zahlen müssen?**

☐ 2 500 € ☐ 2 700 € ☒ 3 000 € ☐ 3 200 €

**3. Die monatlichen Stromkosten von Herrn Radimsky erhöhen sich ab dem nächsten Monat um 3 % auf 82,40 €. Welchen Betrag zahlte Herr Radimsky bisher?**

☐ 77,50 € ☒ 80,00 € ☐ 80,10 € ☐ 81,00 €

**4. In der Klasse 8b sind 12 Mädchen. 60 % der Klassenmitglieder sind Jungen. Wie viele Jugendliche hat die Klasse insgesamt?**

☐ 26 Jugendliche ☐ 28 Jugendliche ☐ 29 Jugendliche ☒ 30 Jugendliche

**5. Die Buchhaltung eines Versandhändlers stellt eine Rechnung in Höhe von 1 395 € aus. Vorher wurden der Kundin 5 % Nachlass und 2 % Skonto gewährt. Wie hoch wäre der ursprüngliche Rechnungsbetrag ohne Abzüge gewesen?**

☒ 1 500 € ☐ 1 550 € ☐ 1 600 € ☐ 1 610 €

**6. Von 85 wahlberechtigten Lehrkräften haben 68 Lehrkräfte an der Personalratswahl teilgenommen. Wie viel Prozent der wahlberechtigten Lehrkräfte haben nicht gewählt?**

☐ 17 % ☒ 20 % ☐ 23 % ☐ 26 %

(36) **Lernkontrolle 2: Sachaufgaben Prozentrechnung**

1. $100\,\% \mathrel{\hat{=}} 42000\,€$
   $1\,\% \mathrel{\hat{=}} 42000\,€ : 100 = 420\,€$
   $15\,\% \mathrel{\hat{=}} 420\,€ \cdot 15 = \underline{\underline{6300\,€}}$

2. $100\,\% - 20\,\% = 80\,\%$
   $80\,\% \mathrel{\hat{=}} 2400\,€$
   $1\,\% \mathrel{\hat{=}} 2400\,€ : 80 = 30\,€$
   $100\,\% \mathrel{\hat{=}} 30\,€ \cdot 100 = \underline{\underline{3000\,€}}$

3. $100\,\% + 3\,\% = 103\,\%$
   $103\,\% \mathrel{\hat{=}} 82{,}40\,€$
   $1\,\% \mathrel{\hat{=}} \frac{82{,}40}{103}\,€$
   $100\,\% \mathrel{\hat{=}} \frac{82{,}40 \cdot 100}{103}\,€ = \frac{8240}{103}\,€ = \underline{\underline{80\,€}}$

4. $100\,\% - 60\,\% = 40\,\%$
   $40\,\% \mathrel{\hat{=}} 12$ Jugendliche
   $1\,\% \mathrel{\hat{=}} 12$ Jugendliche $: 40 = 0{,}3$ Jugendliche
   $100\,\% \mathrel{\hat{=}} 0{,}3$ Jugendliche $\cdot 100 =$ <u>30 Jugendliche</u>

5. $100\,\% - 5\,\% - 2\,\% = 93\,\%$
   $93\,\% \mathrel{\hat{=}} 1395\,€$
   $1\,\% \mathrel{\hat{=}} 1395\,€ : 93 = 15\,€$
   $100\,\% \mathrel{\hat{=}} 15\,€ = \underline{\underline{1500\,€}}$

6. 85 Lehrkräfte – 68 Lehrkräfte = 17 Lehrkräfte (Nichtwählende)
   85 Lehrkräfte $\mathrel{\hat{=}} 100\,\%$; 1 Lehrkraft $\mathrel{\hat{=}} \frac{100}{85}\,\%$
   17 Lehrkräfte $\mathrel{\hat{=}} \frac{100 \cdot 17}{85}\,\% = \frac{\overset{20}{\cancel{100}} \cdot 17}{\underset{17}{\cancel{85}}}\,\% = \frac{340}{17} = \underline{\underline{20\,\%}}$

## Extraseiten für Rechnungen und Notizen

## Extraseiten für Rechnungen und Notizen

# Extraseiten für Rechnungen und Notizen